醒來
在遠方

目錄

CONTENT

PREFACE

序言　在世界的路上拼湊完整的自己

曾經以為旅人的心應該很輕巧，把一切留在登機門後，明天又會是全新的。我卻在意外踏上旅途後再也回不來了，開始相信世界上沒有到不了的地方，靈魂便自動分解成碎片散落在每個角落，遠走的渴望日夜不安的騷動。

才明白一路上經歷的感動會隨著時間的轉化為美好的疼痛，跟著胸膛起伏進入肺部，在血液裡放肆竄流，成為身體的一部分。

這個城市像真空包裝，它是這麼的舒適又熟悉，讓人幾乎忘了呼吸然後漸漸死去。我嚮往再次在未知領域跌跌撞撞的感覺，想看看世界上跟我一樣平凡的人們過著什麼樣的生活，在陌生的國度，感受自己如此真實存在著，讓自己被衝撞，讓自己徹底得粉碎然後重生。

一開始寫字是為了記錄，為了偶爾回過頭讓逝去的時光有跡可尋，翻閱悲喜交加的日記本，然後發現，啊，原來自己曾經以這樣的姿態真實地活過呢。後來我開始為害怕遺忘而下筆，在旅行的路上不停經過，不停被人性的純粹所感動，好的壞的都像隕石一樣「碰」的一聲砸進腦海裡，與自我的碎片混成一片汪洋，擠得水洩不通，像不小心吃太飽一樣昏沈難受，所以我繼續寫，讓字裡行間成為一種分享以及情緒的出口，字字句句都淌著善感的淚，用力體會過的感動化成了有重量的感傷，牽著或背著，驀然才發現已經走了這麼遠，我總是頻頻回首，卻已經無法再停留，曾經滄海難為水。

那天，是夏日的夜，在酒吧和朋友聊得太開心而錯過末班車了，亞當坐在樓梯口看著我，我們兩個人身上只有剛好夠付地鐵票錢的五十元。他從一個小時前就開始叮嚀我差不多該走了，而我總是無可救藥的貪玩樂觀：「再等一下啦，可以的。」此刻我大概看起來像一隻愚蠢的烏龜，怎麼說都是我的錯，在站務人員對著快步走向入口的我們揮揮手時，我有一種心都碎了的感覺。

走路回去吧，看著地圖應該兩個小時走得到吧。

當然只是想想而已，我們還是跳上了計程車，「待會你上樓拿錢，我留在車上當人質等你回來贖。」一路上再三確認他沒有生氣，同時沾沾自喜，覺得自己還是挺聰明的。

「司機大哥，停這就好，可以麻煩你等一下嗎？我們身上現金不夠。」大哥說好，原本還擔心他會不高興然後拒絕，其實仔細想想，他大概也別無選擇吧。朋友從左邊下車離開，我坐在後坐說：「我留在這陪你等。」而司機大哥有些結巴的回應：「啊……其實……其實可以不用這樣啦。」我說：「因為要上樓拿，怕你擔心我們跑掉嘛。」心裡一陣手足無措，是不是我哪裡失當了，卻毫不自知？天啊，自從錯過末班車後我就一直處在杞人憂天的狀態，為了化解尷尬，我觀察四周，試著找話題跟司機聊聊天——

「是兩百對吧。」真是無聊透頂，只看到里程表上亮著紅色光的數字。

「兩百二，夜間加成二十元。」他一邊講著，一邊從駕駛座的遮陽板裡頭拿出夾著的紙板，一張一張，寫著中英日三種語言的費用說明。

「大哥，你開計程車開多久啦？」

「我喔，十年而已。」

「十年了呀！」沒聽錯的話，剛剛大哥在十年後面加了「而已」嗎？我在星巴克打工才做了三個月。

「十年算是菜鳥啦，我認識一些人已經開三十年了。」

「那……大哥開車以前是做什麼的呀？」

「我啊，以前是廚師。」然後我突然不再覺得只是為了打破沈默而講話，將身體往前移了一些，呈現傾斜的角度。

「後來鼻子壞了，味道都不準了，做出來的東西時好時壞，但是身為一個廚師不能時好時壞呀，只能離開啦。」

我從斜後方看著司機的側臉，這時才發現他講話的語調有些不時的停頓，某些發音很含糊，好像要特別用力才能講完一長串句子一樣。

「我以前做川菜呀、台菜、港式、粵式料理……」大哥說著說著，始終沒有轉頭看過我一眼，只見他的視線彷彿已穿過擋風玻璃，飄向很遠很遠的時光之外，而我沿著那個方向尋覓，還聞到朝天椒爆香的味道，以及比現在年輕十幾歲的司機大哥，圍裙沾到了一些油漬，站在瓦斯爐前揮著汗、意氣風發地將炒鍋舞成一道道佳餚。

亞當拿著錢包回來了，付完車資後我再也沒有理由霸佔這台車一分一秒，連續跟司機說了三聲謝謝，嗯，在關上車門的那瞬間，其實說個永別也不為過吧。我還沒問他鼻子怎麼了，是吸了太多胡椒粉嗎？開計程車有沒有遇到什麼有趣的事呢？發現自己再也無法當廚師的時候是不是很難接受？後來呢？

這些問題再也不會有回答，我只能在夜裡獨自咀嚼，消化。有些人來到生命裡與你相知相惜，而更多的人只是白駒過隙，與你擦肩而過。

在從布達佩斯往伊斯坦堡的飛機上，忘了為什麼，和坐在右邊的瑞士人聊了起來，他在跨國企業公司工作，說最近剛跟妻子搬到布達佩斯，並且推薦我想體驗完全不同的文化，記得去南美洲走走，然後他向我介紹五歲的小女兒，在手機螢幕裡像個洋娃娃，笑得像向日葵一樣燦爛美好。接著出現的照片是肌膚黝黑的非洲小孩，他說：「這是肯亞的孤兒院，我將我女兒穿不下的衣服鞋子送過去。」下了飛機後我們輕聲道別，各自走往不同方向。然而至今我仍感到一絲絲的懊惱，當時只顧著吃空服人員送來的巧克力布朗尼，忘了問，我能不能替那些孩子們做些什麼？

曾經有一次在計程車上和朋友隨性地講話聊天，下車後我突然覺得好笑，我們把司機當隱形人似的口無遮攔，然後我說：「如果我是計程車司機，一定很認真地偷聽乘客講話，然後出一本書叫做：《計程車日記：那些乘客們的秘密》。」友人說：「是嗎，如果司機都像你這樣，大概早就轉行了吧。」

不過呀，我只是個腦子停不下來，容易快樂也容易悲傷，故事不寫出來就睡不著的複雜型人格患者罷了，當司機還比較厲害，他們幾乎認得大街小巷的路。以前的我可能還會說，而且當計程車司機很辛苦！後來發現沒有什麼是不辛苦的，活著本生就不是件簡單輕鬆的事，有時候還要想盡辦法、做自己不喜歡的事、說違背良心的話，只為了生存、為了迎合世俗眼光，這個世界上的你們我們他們，誰不是依賴著殘破裡的一抹甜，浮浮沈沈地努力呼吸著。

忘了是誰問我呢。

「你常常一個人旅行，處理事情的能力應該很棒吧！」

「什麼意思？」

「一些突發狀況啊，你應該變得很厲害，很能應付。」

於是我仔細在回憶裡翻找類似的畫面：在布達佩斯一個人完全迷路時，決定在城市隨意散步，累了再想辦法回去；在路克索上吐下瀉時，我吃了藥靜靜躺著等待情況好轉；在菲律賓遇見海蛇時，我根本就不知道它們帶

有劇毒，被咬一口就會喪命；在火車上被驗票員找麻煩，我付了錢還偷偷落了眼淚；那些伸手不見五指的夜與深山、在機場差點趕不上飛機、在登機之前發現忘了辦簽證、在金字塔騎駱駝被騙錢、計程車司機亂繞路、車站無預警停業、不知用意為何的搭訕、每天面對的文化衝擊、突如其來的大雨……

沒有，我想答案是沒有。並沒有因為旅行變得比較聰明幹練，我還是一樣粗心大意，一樣揮霍著人生，浪漫得一塌糊塗。走在路上除了看看世界，其實更看見自己，遇見很多不同的人事物之後，會明白生命可以有很多種不同形式，也漸漸找到心中真正想要的東西。經過各式的體驗是不夠的，要去體會，仔細感受心的跳動與碎裂，觀察一花一草的沈默與綻放，用心聆聽每雙眼神的交會與訊息，每一次的相遇都有可能改變你的一生。

旅行並不會讓你變得與眾不同，因為每個人的本身就是獨一無二的存在。然而世上最了不起的事，是一個人明白、並且接受自己是怎樣一個人。

而我一直是這麼的七零八落，背包裡帶著埃及買的筆記本、菲律賓的夾腳拖、機場買的書、澳洲的打火機、在馬來西亞的雜貨店裡買的牙刷和巴基斯坦的洋裝，錢包裡總是有好幾國貨幣的零錢。有時候背包實在裝不下了，就必須得取捨去將一些物品留下。我總是在整理行李的時候落淚，看著空蕩的角落，為自己彷彿從來不曾來過也不曾存在過的錯覺而心碎。才漸漸明白了，原來旅行是不斷地拾起與放下。

悲傷與快樂都是好的，認明你如此認真地活過，然後在漫長的溫柔時光裡，成為那個堅強又柔軟的自己。

EGYPT

埃及 沙上的日子

告訴你的心，害怕比起傷害本身更糟。
而且沒有一顆心會因為追求夢想而受傷，
因為追尋過程中的每一個片刻，
都是和神與永恆的邂逅——《牧羊少年奇幻旅程》

CAIRO

開羅　要去埃及嗎？

CH 1

「再怎麼縝密的計劃，都比不上因緣際會。」

十九歲夏天，我抵達陌生而神秘的國度，記得那天是八月八號，在陽台呼吸著偷來的六個小時時差，整座城市都是黃土滾滾的顏色，下午時光很漫長而炎熱，我拿出手機傳了一封簡訊：「爸，父親節快樂，我在埃及，不用擔心，不用打給我，因為國際漫遊很貴。」

隨即將轉換為飛航模式，想起這趟旅行從決定到出發，不過是一個禮拜之間的事。若不是街上從清晨到深夜不間斷的喇叭聲、與吹在臉上的乾燥空氣時時提醒，我總恍惚以為自己在做夢。

原定目的地突尼西亞的簽證遲遲辦不下來，日本辦事處的國際電話打了好幾通，E-mail寫到最後連官腔的回應都石沈大海。我坐立難安，眼看定好的機票即將作廢，我的旅行彷彿飄在空中，像斷線的氣球離我越來越遠。

「不然去新疆放羊吧，或是去蒙古的草原裡奔跑也好。」

一顆心騷動著無法入睡，整夜睜著眼喃喃自語的我，想不到什麼結論，只是昏昏沈沈看著窗外又天亮了。

瓊是一位素昧謀面的女孩，我們唯一的共通點是「沒拿到簽證」。而那天是個心情很低落的日子，台北下著雨，成群的機車騎士和繁華亮眼的信義區，都因車窗上的雨滴而模糊不清。我很努力才忍著不和天空一起掉眼淚，然後手機螢幕亮起，她傳來封訊息說：

「嘿，要不要一起去埃及？」

一個禮拜後，我們搭著各自的航班，在開羅國際機場相見。這段際遇想起來仍是不可思議，原來走到死胡同也不代表路已絕，誤打誤撞地開啓一場奇幻旅程，說初生之犢不畏虎也好，說有些莽撞也不為過，但如此有限的青春不應該被架在框裡，所有腦海中想像過的美好畫面，都從腳下踏出去的那一步才開始實現。

開羅　轉角咖啡廳

在開羅街頭，此起彼落的喇叭聲從清晨到深夜都沒有停止過，驢子和人車共用柏油路，站在路口看著壅塞的交通，試圖在混亂中找到一絲縫隙可以穿越，左顧右盼了老半天，最後還是好心的路人替我們開路，才順利走過馬路抵達對岸。

一個轉角巷子裡擺滿黃色和紅色的塑膠桌椅，隨性選了靠邊的位子坐下，男店員前來遞上寫著菜單，我看著一頭霧水的阿拉伯文，感覺到自己完全地被掏空，在完全陌生的城市，在陌生的輪廓與語言裡，拿掉固有的文化框架，被衝擊、再被重新填滿。

隨後有人在桌上放了兩瓶水，我們沒有碰，記得大家都說，切記在這裡絕對沒有白吃的午餐。男店員說：「沒問題，是免費的。」

最後我們點了飲料和小份的熱狗披薩，因為在他一串熱心的介紹裡只聽懂了 Hotdog 這個關鍵字，和周圍的兩三隻流浪貓一起享用，眼角餘光注意到剛剛放水的男子朝這桌走來，剛剛那位店員靠近向他講了幾句我聽不清也聽不懂的話。

男子聳了聳肩轉身離開。他們都和大部分走在路上的埃及男性一樣，中等身高、肚腩微凸、圓潤的下顎線條，店員回頭發現我的視線，麥色臉龐溫和一笑，露出整齊排列的貝齒，我猜他對男子說：「那兩瓶水我招待。」

幾乎忘了那條街的位置和他的名字，但總是記得那個陌生的午後，一直到夕陽溫柔穿過整條巷弄，沒有什麼驚天動地的奇聞，但如此平靜地美好著。

GIZA

吉薩　千年等待

CH 3

我駐足，張著嘴卻說不出任何一個字。
你用盡了全身力氣聳立在豔陽下，
連拿破崙奪去你的鼻梁，你不曾掉淚、不曾動搖。

旅客從世界各地來訪，你一眼也不瞧，
他們知道你的名字，讀過一些書上寫的數據資料，
卻沒有人感受到你的孤獨與盼望。
你不眠不休守護這片土地，
日以繼夜凝視著遠方，神情專注而虔誠。

在等待著誰呢？

席慕容在佛前求了五百年，也只為一次遇見。
也許某日，你心願終了，千年的聳立將一夜化為漫天塵土，
謝天謝地，百世逡巡輪迴都值得。

尼羅河　在尼羅河懷裡

徜徉在這條孕育千古埃及文明的尼羅河裡，從南方駛向路克索，郵輪上約有十幾組客人，大部份來自金髮碧眼的歐洲，我與瓊兩位平均身高一五五公分的哈比人穿梭其中，像極了走失的小孩，我為這種格格不入的感覺興奮，暗自竊喜，突然明白了一種勇於不合時宜的坦然自在。

郵輪的大廳寬敞明亮，陽光從落地窗灑進，兩旁有販售紀念品的小店，跟著旋轉式樓梯往上走，樓中樓的設計讓我們在走進房間之前還能一覽大廳的動靜，直視著眼前晃啊晃的水晶吊燈，彷彿置身童話故事裡。插入卡片開了門，一房一廳的大空間讓我們忍不住尖叫，開心地跳上雙人床，微微感受到郵輪緩慢地向北移動，岸邊翠綠的小樹群，大概就是所謂的綠洲了吧。遇到在河上滑著小船的孩子們，笑開懷地向我們揮手，我們也將半個身子探出窗外，用力揮手回應，今生只有這毫秒之緣，擦身而過的瞬間沒有語言，只是拼命讓雙手在空中揮舞，說聲嗨，同時說再見。

在船上的三餐都是自助式吃到飽，每組客人都有屬於自己的桌子，沙拉、主食、肉、麵包等食物應有盡有，唯一不包含在內的就是飲料，一開始兩個女孩傻傻不清楚，看到隔壁桌西班牙家庭每個人都有汽水、果汁、甚至紅酒，隨手請服務生拿來了兩瓶罐裝可樂，接著上桌的便是帳單一張，現在想想也是小錢，但對於當時身處異鄉，沿路被當肥羊宰而幾近破產的女孩來說，可是一筆讓心淌血、欲哭無淚的開銷。

另一個讓人哭笑不得的經歷，是不時被埃及服務生及廚師調戲，由於事發地點就是在餐廳，所以完整的可以說是「照三餐調戲」，例如收餐盤時對我們眨眼咬下唇；深情款款地問：「What's your name？」（眨眼）；得知你的名字後，每次經過都要用唱地飄過去：「Mi——ka——。」

然而站在食物吧台中間的廚師倒是給人極大壓力，一抬頭就會看到廚師一號正看著我們笑，有時會跟廚師二號站在一起，一樣直直地衝著我們露齒笑，逼得我最後坐到方桌的另一側，背對他們，接著在夾食物時，廚師一號或二號會飄過來為我們專人服務。

兩天過去後，我們也順水推舟，在某個很想吃水果卻沒有水果的時刻，走到廚師一號面前，指指旁邊雕花擺飾的哈密瓜。

「可以拿這個嗎？」睜大眼睛裝可愛。

「當然當然。」雙手一捧，瓜瓜奉上，得來全不費工夫。

在郵輪上的日子總是愜意地在用餐、睡眠、曬夕陽中度過，有一天午睡片刻中，被窗外的喧囂聲吵醒，是一批批駕著電動小船來兜售毛巾與毯子的小販，他們站在搖晃的船身中，將手中商品往郵輪上丟，有時是往房間窗戶，有時是往頂層甲板，看著商品在空中飛，真替他們捏一把冷汗。說時遲那時快，一條毛巾在拋售過程中掉進河裡，只見一個年約十歲的小男孩身手矯健、二話不說跳進水裡撿，溼透的男孩和毛巾，在豔陽下顯得更黑更渺小，小到彷彿被世界遺忘、彷彿是曾經想拿著放大鏡看世界卻被燒成焦。周圍三五商人依然吆喝著，跳水的男孩像沒發生過一樣。

原本就有買浴巾的打算，不如跟他們做筆生意吧。

「嘿，還有別的顏色嗎？」

圍著頭巾的年輕小販將繡了金字塔與駱駝的大浴巾，單手丟進我們的窗戶，來回喊價的十幾分鐘，累得好像過了一整個下午，終於達成協議，我們心裡有個底價，畢竟也沒錢再當肥羊，頭巾小哥將裝了幾顆小石頭的塑膠袋投進窗來，大喊——

「Money back.」

眼前真實上演著一齣若不是我身在其中絕對無法想像的畫面，郵輪仍在往前行徑中，就快要離開小販們能隨從的區域，他們著急了起來，我們將說好的美金放入袋子中，大力吸氣，用力一丟回到頭巾小哥手裡。

「少了兩塊美金！」他大吼。

「我們講好的價錢，都在裡面了！」

「再給我兩塊！」又把袋子丟回來。

「為什麼？我們說好的！你不要騙人！」每一句都是扯著嗓子在喊。

「再給兩塊錢！拜託！就當作給我的禮物！」

「該給你的都給你了！」我的心臟狂跳無法平靜，他仍死纏不放，四周喧鬧不止。

「禮物！給點禮物也不肯嗎！」他歇斯底里地吼著，我幾乎快要落淚，覺得頭很痛，最後是一毛不少也不多的錢裝在袋子裡丟回去，關上窗，結束這一回合。

在刺眼的陽光反射下討價還價，令我感到昏沈，恍恍惚惚地想起曾在薩卡拉金字塔（Saqqara Step Pyramid），遇見一位身穿傳統長袍的努比亞老伯，向前來兜售繡有埃及圖騰的小錢包，英文說得不清不楚，價錢開得還算合理，當下很單純抱持著紀念品到處都有，不急著買的心情，揮手拒絕了，我忘不了他在豔陽下蹣跚的身影，灰白的鬍鬚和斑駁的雙手。至今仍想著後來呢？他有賣出東西嗎？回家後有好好吃頓飯嗎？

到了船上的用餐時間，走下船艙，旅客們陸

陸續續進入餐廳，精緻餐具與刀叉間摩擦發出鏘鏘的聲音。剛才嘶吼的吵鬧還在腦中徘徊，但外頭已經安靜下來了。在一連串混亂裡，我們試著從背包裡找些東西給那位划船的小孩，他用手勢與肢體語言說他想要食物，當時手邊沒有食物，如果可以真想偷幾個麵包出去，這一面牆隔出了兩個截然不同的世界。

那餐吃得真沒胃口，想著如果我們旅行預算無上限，是不是能給他們更多幫助，求得溫飽？但是單憑這樣能改變現況的根本嗎？頭巾小哥已經賣出了商品拿到了錢，卻貪心無理地要求更多，豈不是叫人覺得可憐又可恨嗎？世間太多複雜的因素環環相扣，很多事情，也許永遠沒有正確解答。

路克索　大夢般初醒

最後一個在尼羅河的郵輪上喃呢著夢話的夜，窗外是靜謐的三更時分，突然一陣措手不及，猶如一顆鐵錘球的種子落進胃裡，瞬間發芽張大，將我狠狠從夢裡刺醒。這一醒便再也不得安寧睡去，不是絞痛，不是脹氣，是有東西從裡頭很粗魯地刺出來，不是針，不是玫瑰花梗，是野心勃勃不斷向外擴張的荊棘，我能感受到，它像呼吸般收縮著，囂張盤踞了我的身體。

天亮了，抵達路克索，勉強挺起脊椎，拖著行李來到大廳，偏偏從台灣準備好帶來的常備藥，全部都放在開羅了。

「吃完早餐才走。」

好，才正打算開口回應，胃又抽蓄般湧上一股嘔吐感，我衝進最近的廁所，啪地一聲推開門，已經吐不出什麼真材實料了，只剩不斷被強迫離開體內的黃濁色液體。也許喝點湯、吃點麵包會覺得好些，走進飯廳我卻更加無力，食物的氣味撲鼻而來，鹹甜交雜著油煙緩緩上升，彷彿匯聚而形成粗糙的魔鬼氈，從鼻腔刷刷刷地磨進腸胃裡搗亂。

每一分一秒都變得無限漫長，世界被按下了慢格鍵吧，我額頭冒著冷汗，想像能看到子彈從身旁飛過的軌跡，櫃檯電話響了，天啊，快接起來，那聲音太刺耳了，胃裡的荊棘絕對是在起伏的，那尖銳的疼痛感幾乎刺進心臟，也許它待會就會從喉嚨探出來瞅瞅陽光。

阿罕曼是當地司機，他來到港口接我們去市區的旅館，看見躺在大廳角落奄奄一息的我，他問我還好嗎？接著對我說：「妳的眼睛真漂亮。」我過了好幾天才想起這段話，面對一位滿臉驚恐，因不知名理由遭受身體苦痛的異鄉女孩，埃及男子還不忘誇獎與欣賞對方，真是令人哭笑不得的幽默。而當時所有思考系統已經關閉成一片黑暗，南方的炎熱空氣，讓這路程格外難熬。

再度恢復清醒，已經躺在旅館裡的單人床上，身旁放著兩盒寫著阿拉伯文的藥片，上頭沒有任何我看得懂的字，只知道一盒治胃痛、一盒治嘔吐，是阿罕曼從藥局替我買回來的，記得兩盒折合台幣不到五十元，我戰戰兢兢地吞下，畢竟在那舉目無親，語言不通的情況下，我又有什麼選擇呢。同行的瓊在我身旁來回踱步，若沒有她，我恐怕在這沙城風化腐爛了都沒人知道吧。

取消了當天的行程，數不清這是第幾次從睡夢中醒來，輾轉反側，再重新沈浸到模糊的意識裡，天色還亮著，估計才中午而已，街道因為過熱而空無一人，城市每過幾個小時就會無預警停電，我滿身汗地被熱醒，瓊從門外進來。

「又停電了，妳有好一點嗎？」

「應該吧，好熱。」

「太詭異了，這樣亂停電都沒人抗議嗎？」

「聽說台灣三十年前也是這樣。」

「好熱，停電沒有網路可以用，妳有好一點嗎？」

「應該吧。」

床頭還有一顆蘋果，那棵橘紅色的果實，拿在手心上沈甸甸的，一口咬成白雪公主的形狀，沒有繼續的慾望。有個淺金色頭髮的男孩曾說：「我一點都不喜歡吃東西，只是身體需要營養，我才勉強把食物吞下去。」我那時心想：可憐的傢伙，人生失去了好多意義和趣味。而現在的我，也只是為了再吃藥前讓胃裡有些什麼，「才勉強把蘋果吞下去。」

半夢半醒間，已無法言語我的恐懼，身體如此脆弱地失去控制，把腦海裡的記憶倒著放，遍尋不著任何導致這場病的蛛絲馬跡，人生第一次坐在馬桶上抱著垃圾桶上吐下瀉。我開始好想家，好希望自己正躺在那屬於我的柔軟的棉被裡，媽媽會端著一碗湯進來，我要任性地說我想吃小美冰淇淋。這時才發現自己離家有多遠，假設我立刻動身離開，搭車搖晃到最近的機場，買一張預算無上限的機票，最快也要將近兩天的時間才能回到那熟悉又令人安心的家。但即使如此，我仍不曾有一絲後悔，不曾有過「早知道就不該來！」的念頭，只覺得自己真是太大意，如果就這樣不小心死掉，也太不負責任了。

天黑之前，吃了第三次藥，胃裡的荊棘像被灑了農藥般枯萎，漸漸越縮越小，呈現委屈而疲累的姿勢，我也好累，但四肢恢復力氣了，這天經歷的折磨像一場難熬的拷問，猶如從深淵的咒語裡拼命奔跑逃生般精疲力盡，感激活著真好的大夢初醒之際——又停電了，天花板與牆面瞬間被漆黑，我懷疑自己掉進了另一個黑洞裡。

CAIRO

開羅　賣玩具的老伯

CH 6

開羅市區的街道以圓環為中心往外呈現散射狀，我和瓊總是走去同一家快餐店，買台幣約三十元的漢堡和香酥雞肉飯，那個雞肉飯很奇妙，米飯是咖哩口味，微微辛辣，與幾塊薄到幾乎只有酥皮的雞肉。是曾經看到店裡有人吃得津津有味，然後我們研究著菜單反覆推敲出來的品項。

依照慣例我們要再到隔壁買芒果汁，或著柳橙汁。路邊還有小男孩背著一大壺用透明罐子裝著，看起來像紅茶的液體沿街叫賣，有人要喝他就會直接從身上背著的袋子拿出杯子來倒一杯給客人。

「在離開開羅之前一定要喝喝看。」瓊每次看到飲料小弟就會說一遍這句話，直到後來得知壺裡的並不是紅茶，而是某種果子或是藥材煮成的湯，她便不曾再提起要嘗試這件事了。我們的腳步很慢很慢，幾乎將每一條街都走過了，偶爾會看到武裝軍人在路口守陣，不時會有人前來搭訕，大部份是想帶你去他的商店消費，也有些是純粹無聊想和外國人講講話。

「不如我們來街頭賣藝吧？」我一向容易提出莫名其妙的建議。

「好啊。」瓊竟然答應了。不囉唆，將帽子放

在地上，一邊拍手一邊唱起張懸的〈寶貝〉。

「妳拍子不太對吧。」

「應該要有一把吉他的。」我們也就這樣認真了起來。在樹蔭下唱著，還要搭配簡單的肢體動作。結果並沒有吸引任何圍觀，因為面對主要車道，又在正中午的時間，鮮少有行人經過。

「不然我們晚上去最熱鬧的圓環中間唱？順邊編個舞？」雖然眼下生意慘澹，根本沒有人在乎我們的歌聲，但我堅持告訴瓊不要放棄，繼續唱，最後有一個小男孩羞澀地走過來，伸出手送了我們一包洋芋片。

另一個艷陽漫漫的日正中午，我們走進連鎖速食店，選了落地窗旁的位置，一邊吃炸雞，一邊觀察馬路上的人來人往。

我們開始數路上行人的男女比例，瓊數男生，我數女生，數了十幾分鐘答案是幾乎平等。接著我們開始討論賣麵包和玉米的年輕男生，看著他隨性將果醬抹在麵包中間，若無其事地徒手拿起司和火腿……夾好之後自己吃掉。同時我們也像坐在櫥窗裡的小動物，有一位爸爸經過時，情緒興奮地拉拉坐在他肩上的兒子，並以接近在路上遇到熊貓的驚喜表情指著我們兩個亞洲女生，然後肩上的小男孩天真地滴著口水向我們揮揮手，我瞬間覺得自己頭上長出了毛茸茸的耳朵，好像真的挺可愛的。

「妳看那個賣玩具的老伯！」瓊說。

我將目光飄向人行道上一個用小椅子搭成的路邊攤，一位年邁的老伯用紙箱裝著商品，然而奇特的是，兩個大紙箱裡面都裝著同一種玩具，那是個大頭嬰兒造型的塑膠玩偶，身上的服裝只有尿布，睜著藍色的大大雙眼，背後有個發條，老伯身前有一桶水，只要轉動發條，嬰兒玩偶就會在水桶裡噠噠噠噠地游泳。我不禁皺了眉頭，真的有人會買這個嗎？老伯整個攤子就賣這個會游自由式的嬰兒，真的足夠賴以維生嗎？

「我真替他擔心，不如我們就坐在這裡陪他吧，等他賣出去……兩個，至少兩個再離開。」

我們自顧自地隔著玻璃擔憂著，街上很熱鬧，接近傍晚時間，車水馬龍川流不息，老伯像一幅在時光中靜止的畫，凝固在小板凳上。每當有大人牽著孩子經過，我們就伸長脖子期待著，希望他買，希望孩子喜歡那個小玩具，忍不住屏著呼吸，在心裡唸著，買吧，買吧！

直到太陽已不見蹤影，一個小女孩拉著爸爸的手向老伯賣了第二個玩具，我們高興得擊掌歡呼。老伯一定不會想到，曾經有兩個千里而來的異鄉人，雖然沒有直接給予金錢的援助，但在距離他小小的範圍內，默默地祈禱他得以溫飽。

像這樣看似毫無意義的午後，有小男孩可愛的笑容；路人爸爸真性情的問候，以及一切一切，那麼平凡的小事，都像飄在半空中的泡泡，隨時在腦海裡啵的一聲，讓往事在陽光的照射下化成彩虹。

BLACK AND WHITE DESERT

黑白沙漠　小王子的玫瑰與狐狸

CH 7

「星星之所以美麗，是因為上面有一朵獨一無二的花。」

我一直很喜歡這段話，它讓看似廣闊到無法放在心裡的天空，多了一份私人的浪漫。那天一大早，匆匆忙忙搭上巴士，六小時後抵達開羅西方的小城鎮。天氣非常炎熱，離開小鎮後映入眼簾的是看不見盡頭的沙漠公路，一切彷彿已經超離時間與萬物之外。開著吉普車替我們帶路的貝都因人，名叫阿布都和普派，在埃及著名的黑白沙漠裡奔馳，黑色是火山灰的沈澱，白色是曾經的海底世界，美如海市蜃樓。

「把鞋子脫了吧，沙漠裡的人是不穿鞋的。」阿布都說。

於是我和瓊褪去沈重的靴子，雙腳穿著棉襪感受赤裸裸的大地母親，踩著暖暖的黃沙，那溫熱又柔軟的感覺好深刻，猶如所有煩惱都從沙粒間溜走，從炙熱午後走到微涼夜深，如此沈靜而安詳。我想著曾經過這片土地的萬物，歲月，四季與日出日落，還有駱駝……

「天啊！駱駝！」瓊大叫。黃沙中兩隻無人看管的雙峰駱駝。

「我們去追牠！」

我欣喜若狂。於是阿布嘟停下吉普車，兩個女孩圍著貝都因樣式的頭巾在沙漠裡奔跑，是普派幫我們綁的，駱駝也輕踏雙蹄絲毫不費力氣地遠離，我們是絕對追不到的，但沒有人停下腳步，我們跨出最大的步伐在沒有盡頭的大漠狂奔，即使那兩隻駱駝早已不見蹤影，我們尖叫、大笑，為此時此刻無與倫比的自由。

晚上阿布嘟和普派很用心烹飪了一桌沙漠大餐，像魔術般，香氣四溢，一直以來都是我們最念念不忘的一餐。還引來了令人驚喜的嬌客，小狐狸，牠輕手輕腳的雪白身影有如一道流星劃過，連相機都沒來得及捕捉她的身影，我猜小王子就是在某處像這樣寂靜的日子降落地球，遇見飛行員，他的羊以及思念著他的玫瑰。直到夜幕低垂，星星們紛紛探出頭來，在無垠的天幕上閃閃發光、輕聲細語，我幾乎不敢相信我的眼睛，一抬頭就看見宇宙，然後我必須不停提醒自己，呼吸，呼吸，眼前是滿天令人疼痛的感動，「Breathtaking」這個詞的意義，我此刻才真正意會到。

我們圍著寥寥營火唱歌、跳舞，在星空下旋轉著、旋轉著，又熱又甜的薄荷茶，從喉嚨暖進胃裡，也暖進心裡。

「這個很甜」阿布都拿著裝著葡萄的碗。「這個……這叫什麼呢？」

「葡萄，你是說葡萄嗎？」

「啊，對，葡萄。一直以來都記不得這個水果的英文怎麼唸。」他說。

「妳看，這整片無邊無際的沙漠，以前才不是這樣呢，妳會看到左邊、右邊、東邊、西邊都有吉普車和營火，會有好幾團的人們在唱歌。」

「這邊歐美觀光客比較多，我的英文都是跟他們學的。」阿布嘟說著，彷彿又掉入熱鬧的往事回憶中。

「我在沙漠待了一輩子，這片星空怎麼看都看不膩。」

「有想過去其他城市、或是其他國家走走嗎？」我吃著葡萄，視線仍不離那迷幻而令人目眩的銀河。

「不，不可能。」他語調平淡地說：「即使是在開羅的消費都不是我負擔得起的。」

「你喜歡這裡嗎？」還沒等他回答，我便立即想為自己脫口而出的話道歉。我在他們身上看見難能可貴的樂天與知足，錢賺得不多，夠用就好，當車子卡進沙堆裡，下來推就是了，只要有紅茶和水煙就是美好的一天。而我卻如此失禮地問他喜歡這裡嗎，彷彿在問他：「你喜歡自己的人生嗎？」

數不清的流星到了夜深仍在蒼空閃爍，我又快樂又悲傷，為自己有幸欣賞眼前的華麗壯闊而喜，為世間的紛亂與別無選擇的命運而悲。

「瓊，我的隱形眼鏡好乾，但我捨不得拔掉。」

「眼鏡的度數少了兩百度，我怕換上就看不清天空了。」我說。

「嗯……」瓊沒有回話，我轉頭發現她已經睡著了，在盈盈星空下，在一片寂靜與荒蕪之中。我離開了鋪在沙上的毯子，拿著笨拙的

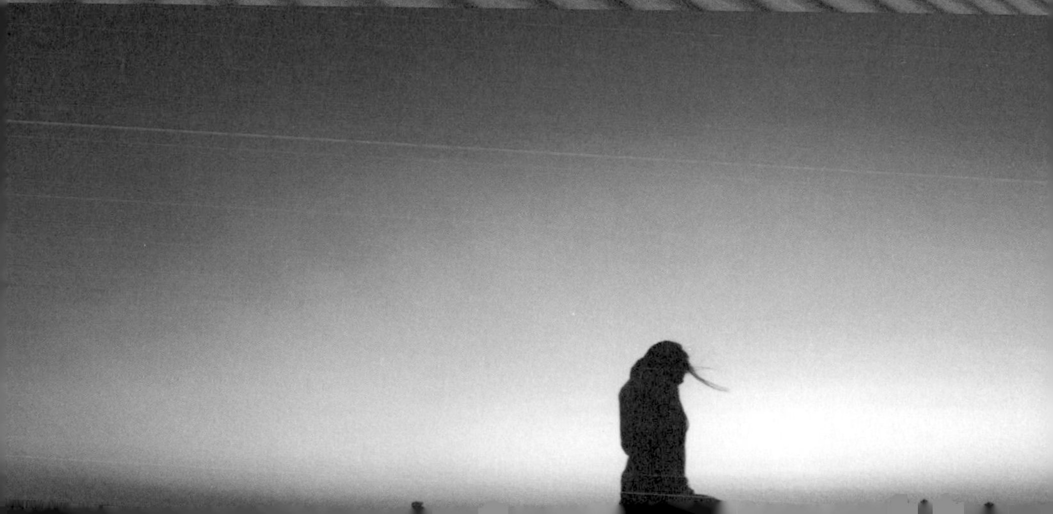

相機架在吉普車上，很貪心地試著想記錄下銀河的樣貌。

「Mika，妳在幹嘛？」阿布都突然出現在身後，我相信自己的瞳孔一定放得很大，才能在黑暗中勉強看見他，以及沙上一塊一塊的白色化石。

「嘿，阿布都，你看天空這麼多流星，一起許願吧。」我放下了相機。

「許什麼呢？」

「願每一個明天都和今天一樣美好。」

「嗯，願每一個明天都和今天一樣美好。」

我們在繁星下將自己的雙手交握，有如全身的力量都集中在掌心，默唸了三遍這個最簡單，但總是很容易被人們遺忘的願望。

開羅　一起去散步

「我們沿著尼羅河散步吧、隨便走走、毫無目的的那種。」

這句話說了三百遍，卻始終沒有去實現，早上起不來，中午太熱，晚上要去別的地方……總有各種大大小小的阻礙，讓這個小願望被擱置。不知不覺，時光就來到了瓊要離開的那個天，結識了住在同間旅館的韓國人，李，他在澳洲大學畢業後，已經在開羅住了一年，得知今天是瓊的道別之日而堅持要請我們去吃飯，搭上計程車離開喧嘩的鬧區，李說，過了橋是另外一個區域，有許多外國人與異國餐廳。一般觀光客大概也不會來到這邊，像黃沙濛濛中的一塊淨土，開羅突然變得優雅，空氣的味道也都不太一樣。我們來到一間中國餐廳，大媽操著一口京片子來點餐，想想也睽違整個月沒有拿過筷子了，土豆絲兒、糖醋兒排骨兒、三碗飯兒，熟悉卻又陌生的味道。

「來到埃及一定要抽水煙，否則是不允許離開的。」李說。

「不了，我不抽煙。」瓊笑著。

「拜託，我帶妳們去吧，妳今天就要走了。就是今天耶。」

李瞇著韓國人特有的細長雙眼，一種同為亞

州人的親切感，我們走在路上猶如在家鄉般輕鬆嬉鬧，李拿瓊下巴的痣開玩笑，只見瓊又氣又好笑地大吼：「這是我媽給我的！」

走到水煙館，裡頭像一間高級飯店，安靜得不像話，坐在沙發上，服務生拿來菜單上頭寫著上百種水煙的口味，我們點了西瓜、李點了他最愛的焦糖口味。室內煙霧彌漫，發出噗嚕噗嚕的滾水聲。這些日子以來，瓊總是外表冷靜而內心狂熱，上一秒覺得她臉到底臭夠了沒，下一秒看見她忘情的瘋狂扭腰熱舞。如今她就要先行回台灣了，幸好，美好的價值從來都不在乎其事物是否被延續。

「如果司機是戴墨鏡的帥哥，我就送妳去機場喔。」最後我沒有一起上車，只在旅館樓下目送她匯入洪水般的車流中，漸漸消失，直到目光所及之處再也收尋不到她搭上的紅色轎車，我才放下揮舞著道別的雙手，轉身離開那個路口。

天氣每到入夜就變得涼爽，李叫了熱狗外賣當晚餐，諾爾是這間旅館的員工，同時是我一流的阿拉伯文老師。那天晚上我們一行人上街喝咖啡，最本土的那種，擺在路邊的塑膠桌椅，玻璃杯奉上熱紅茶，加兩大湯匙的糖是基本，每個人都一定要配一管水煙，這裡沒有百種口味可以選擇，但價格便宜，經濟實惠，還有路邊的貓狗相伴，比起親切高檔的服務，也許我更喜歡這種無拘無束的道地，然後我們唱起了歌，一人一首，用自己國家的語言在街邊、在其中一張客滿的桌子大聲唱歌。

黑夜在路燈投影下成了流沙般暗橘色的不夜城。

「我要去買點麵包當明天的早餐。」諾爾說。

「好，一起去吧。」

「一起沿著尼羅河散步吧。」

凌晨三點，經過解放廣場，仍有大人帶著小孩在圓環草地上奔跑，諾爾說開羅人是不睡覺的。我並無多餘的思考，只是盡情呼吸，大口吞吐這街道與民情，他們說二〇一一年革命之前，路上到處都是觀光客，然後革命成功了，新總統上任，日子卻沒有比較好過，反而是把遊客嚇跑了，即使秩序已經慢慢恢復，觀光業卻仍萎靡不振。在尼羅河畔，熙來攘往的人群，放眼望去我與李竟是唯二的外國臉孔，八月淡季的關係吧，一艘一艘靠在岸邊的觀光小船，仍閃著七彩霓虹燈，卻盼不到興致勃勃的旅客，我站在橋上，吹著夜晚涼爽的微風，一陣寒流從腳底鑽到心臟。

達哈布　紅海的新娘

如果說人間有天堂，我想這依著沙漠恣意湛藍的紅海（Red Sea）便是其中之一。光禿的地表彷彿矇著一層土黃色的面紗，在陽光的閃爍下撲朔迷離，而左側的海面則相反，清澈得像空氣幾乎不存在般。

在埃及，一切的車程時間都很說不定，誤點發車、塞車、路況不好、換車、休息站、還會有軍隊來檢查護照，誰也不知道會遇到什麼樣的狀況變數。前往達哈布的巴士上，突然在凌晨半路被丟下車，我和另外一位來自台灣的男孩，兩位埃及人和一位法國旅人，就這麼共患難般在荒野中的站牌下等到破曉，只是聊著笑著，沒有人抱怨。

隔天，跟沿路撿的旅伴們同行，搭著吉普車抵達藍洞（Blue Hole），幾隻駱駝趴著的岸邊，朝海面走不到五公尺，地表便像突然破了個大洞般，往下最深達到兩百公尺，離奇的地表環境，孕育絕美的海底世界，所謂最迷人的最危險，此潛點的死亡率可是高居世界排行。

一旁幾間供人休息以及租借器具的小店，我們著裝完畢便興奮地朝海奔去，帶著浮潛鏡和蛙鞋，雖然沒有深潛，但水質之清已足夠讓我將一切美景盡收眼底，只是這危險的海域，竟沒有救生員也沒有強制要穿救生衣，埃及人處事的隨性風格，由此可見一番。海底花園的朵朵珊瑚之嬌美，文字在其之前顯得詞窮、防水相機也將愧對它的繽紛豔麗。

我不是游泳高手，海面的水流很強，加上潛水鏡的品質並不是很好，我頻頻滅頂，蒸發量旺盛的紅海嚐起來奇鹹無比，幾乎是傷害了喉嚨的苦味，名副其實成了滿腹苦水。幸好埃及友人歐沙熟知水性，在海中央拯救了載浮載沈的我好幾次，喝飽了海水，大夥回到店鋪裡休息，望著深藏不露的海啊，我如此深深為它著迷。

店鋪老闆很熱情且友善地加入我們的談話，與兩位埃及友人用阿拉伯文聊得開心，只見歐沙掩不住眼角笑意地看著我。

「怎麼啦？」我好奇地問。

「老闆說想用兩百隻駱駝娶妳。」

我噗嗤一笑，聽起來倒是挺值錢的，隨後並沒有放在心上，立即又被眼前海天一線的美景吸引住。靜待其他人休息完畢，海面的光也閃成夕陽的金黃色，我說：「走吧，肚子餓了，回城吃飯去。」歐沙和佛洛德兩人又看著我笑個不停——

「老闆說我們不用付錢，只要妳嫁給他。」

我不禁感到哭笑不得，別鬧啦，天都黑了，大家錢快付一付該走了。那位老闆目送我們到路口，揮手再見並且說了些話，佛洛德小小聲對我翻譯說——

「他還是想娶妳。」

回到達哈布城裡，只有一條路的市區，轉進巷子猶如日常般坐在圓桌上，每人都點了一

份烤雞套餐，小吃店的廚師端來小碗的沙拉以前飯前的湯，一人一碗，然後甜蜜低笑著說：「小姐的湯是別人的兩倍喔！」接著在我面前放上一個真的比別人大兩倍的碗。我受寵若驚之餘，覺得一切實在太可愛了，用餐完畢，廚師大叔非常有禮貌的和每個人說再見，唯獨輪到我的時候，那笑容如蓮花般盛開，雙眼瞇成兩條彎月的形狀，竟是令我覺得有趣又好笑的不知所措。

入夜的達哈布安靜得像宇宙，沙灘上，浪花親親敲打著岩岸向我們打招呼，低低星垂，世界安靜的一片弦音，彷彿世間所有紛爭與憂愁都已逝去，海風溫柔的擁抱，在耳邊喃呢絮語，閉上眼，靜靜談了一整晚的戀愛。有時我假裝自己是個透明旁觀者，看著眼前微風輕輕吹動他們的髮，聽法國人講有趣的故事，偷偷收藏每個人上揚的嘴角。

我想生命是一場是被安排好的意外，那些不經意的當下，都成為回憶裡的寶藏。

望著繁星啜飲著啤酒，好友驢子在一旁，和讀政治系的佛洛德聊愛國聊到落了下了男兒淚。我被風吹得心滿意足，待在這裡的人們看起來很快樂，從披薩店的老闆堅持他是整座城最會做披薩的人，旅館的經理，路邊的商人，大部份都是從開羅搬來這的，他們喜歡這裡的生活，不那麼吵雜，不那麼擁擠，最重要的是還有比基尼。而我呀，也在微風的吹拂下，開始考慮嫁來這片神秘的海⋯⋯

西奈半島　輕敲天堂之門

CH 10

身軀瘦長、四肢纖細但充滿力量，看起來疲倦萬分而空洞的雙眼，又像凝視著黑暗中的靈魂般專注，我回頭拿起玻璃杯啜飲一口，他開口哼著片段的字句，聲音像胸腔裡卡了幾粒沙，歌詞不停重複著——

Knock-knock-knockin' on heaven's door.
Knock-knock-knockin' on heaven's door.
Knock-knock-knockin' on heaven's door.
Knock-knock-knockin' on heaven's door.

輕敲天堂的門，神會聽見嗎，每分每秒都有人在受難與死去，敲敲天堂的門，能夠從苦痛中被釋放了嗎？住在這片沙漠上看海的人們，是不是也想從塵世間逃離，不時想找個地方躲起來，然後永遠消失。如果把畫面拉遠，微光中的人們成為一個群體卻又互不相干。

他揚著下巴，好似周圍的一切也都與他無關，表情盡是淡然與哀默。低下頭，手中的咖啡已經涼了，我說：「嘿，你也每天祈禱嗎？」

「嗯，我為我的父母祈禱，希望他們身體健康，也為我弟弟祈禱，希望他別再像個小男孩一樣不懂事。」他像突然想起什麼似的看著我說：「啊……遺漏了自己。」

「你為你愛的人們禱告，他們也會為你做相同的事。」

「妳呢？妳的信仰是什麼？」

「我沒有信仰，但是我相信善良，相信好人有好報，相信這個世界需要更多的愛。」

他沒有再說話，只是纏綿著和弦，獨自醉在殘破的樂章中。那是我第一次從一個人的指尖聽見到如此強烈的徬徨與絕望。

沒有看到日出的升起，白晝在夢遊之間刷亮整片天空，我被屋外傳來的吼叫聲吵醒，是昨天那個男孩站在黃土堆的山丘上，發狂似地對著空氣揮拳、撕心裂肺般捶打地面，他一時笑一時哭，他咆哮、低吟、尖叫。我沒有辦法靠近，想喊他，卻發現我並不知道他的名字，沿著海岸線撿垃圾的日本人走來，拍拍我的肩說：「沒事的，別在意，他每天都這樣。」我不知道發生了什麼事，剎那間世界像關了門一樣把我隔絕在外頭，我們不在同一個空間，彷彿眼前的藍天都將碎成玻璃片，細沙鋪的地表也會崩裂瓦解，纏捲住我的身體無盡墜落。

那是最後一次看見他。也許是沙漠太靜謐，也許是黑夜太深邃，他低柔的歌聲彷彿滲入我的骨髓，至今仍不時響起一絲疼痛。

Mama take this badge from me.

媽，替我摘掉這枚徽章吧

I can't use it anymore.

我再也用不到它了

It's getting dark too dark to see.

天色漸暗，眼前已模糊不清

Feels like I'm knockin' on heaven's door.

感覺像是我在敲著天堂的門

Knock-knock-knockin' on heaven's door.

敲啊敲啊，輕敲著天堂之門

Knock-knock-knockin' on heaven's door.

敲啊敲啊，輕敲著天堂之門

羅斯　答應我好好活著

今天是道別的日子。

一樣在萬里晴空下吃著一樣的早餐，聽說西奈北方出事了。

「恐怖攻擊，死了很多軍人。」他說，有個朋友下個月要去當兵了，總感到非常不安，無解的難題。以前我總認為，軍人被視為是一個擁有穩定收入與生活的職業選項，而在這裡服兵役的年輕男孩們是水深火熱，隨時可能有生命危險。

我的心一沈，沒有開口說話，只是轉頭面向那片窮極目光也望不盡的海，有如一片佈滿鑽石的湛藍帆布，美麗而鋒利。沙灘上躺著曬乾的海草，它們和秋天的落葉一樣脆脆的，踩下去會發出喀滋喀滋的聲音。

和他肩並肩坐在岸邊的礁岩上，意興闌珊地哼哼歌，時而開玩笑模仿對方說話的語氣、時而討論孔子、時而聽我認真的談論政治、時而聊貓咪和駱駝、時而提到埃及政府和軍方。沒有重點地天南地北，最後一個日落也有如盛在手心的沙，不知不覺已經從指縫中灑落。

「真不敢相信妳要走了。」

「是呀，時間過很快，尤其是快樂的那種。」

沒有電力打擾的日子，夜空異常明亮起來，陌生人們燃著木枝，吉他與歌聲圍著火光繞成一縷溫暖的氣氛。兩隻狗兒照常在晚餐時間出現在桌旁，蠟燭微光映照在牠們殷切等待食物的黑色狗鼻頭上。

「如果我是狗的話，絕對要當一隻流浪狗。」愜意吃著披薩，一邊將我不吃的那塊厚皮分享給兩位狗朋友，一邊說著一些前言不搭後語的瘋話。

「記得妳說過，但是為什麼？」

「每天隨意走走逛逛，想睡覺就睡覺，開心就搖尾巴，肚子餓了就到村莊裡裝可愛討點食物。」

「如果有人想把妳抓起來呢？」

「我會逃跑的，我是一隻跑很快的流浪狗。」講到這幾乎有些為自己感到沾沾自喜。

「我們學校有好多流浪狗，他們成群結隊，過著自在快樂的生活，每天去上課的途中，經過牠們躺在陽光下睡午覺，覺得羨慕死了。」

「快樂的流浪狗？」

「無憂無慮、自由自在的呀。」

「好吧，可能我在這看過人們如何慘忍地對待它們，太多的殺害和虐待，不明白他們要怎麼快樂。」

「人們光明正大殺狗？這合法嗎？」

「當人類都沒辦法被保護的時候，怎麼會有法律來保護動物。」

他抽著手中的香煙，吐出一口很深的嘆息，彷彿整個胸腔都清空，成為洩氣的、膠著了黑色尼古丁而黏膩的皮球。

「人命在這裡只不過像蒼蠅一樣。啪，掰掰。」

眼前一片漆黑，蠟燭熄了，我感覺自己像地毯角落上的一粒塵埃，好慚愧，我講的每句話都站在自己的認知之上，我是如此不自覺抱著既有的成見，大言不慚地繞著自以為是的立場。

入夜的沙漠氣溫驟降，寒意從指尖竄進身體，他替睡在茅草屋裡的我拿來好幾條毯子，他說夜深了，早點睡吧。

無法入眠，無法平靜閉上雙眼。

剛抵達開羅機場，一位男子問我要不要搭計程車，那時厭倦糾纏的我並不想跟陌生人講話，很直接回絕他，約過了一段時間，他再次走到我身邊問

「妳在等人嗎？我可以借妳電話打給他。」

起初我仍有戒心，以為他要用什麼把戲來騙我，而我多慮了，他替我撥了電話，告訴我，

朋友走錯航廈了，要我別擔心，在大門旁找張椅子坐著等吧。我向他道謝後轉身離開，替自己一瞬間的多疑感到抱歉。在旅館離開房間忘了帶鑰匙的時候，櫃檯的工作人員拿著一大串備用鑰匙，一把一把地試，好不容易在約三十把鑰匙裡找到正確的那支，離開前他很慎重地看著我，對我說：「一個人在外面萬事小心。」在市區裡迷路的時候，穿制服的警察伯伯不會講英文，他離開椅子，跟我一起站在路中間，用盡表情和肢體動作，幾近手舞足蹈向我解釋博物館該怎麼走。

是的，這片土地上有伺機作亂的恐怖分子、有欺騙遊客的商人、有不安好心的司機，但有更多的是熱心善良的平凡人，有更多的是跟我們一樣努力生活著的老百姓。

沒有人的性命應該被視如草芥。

擁抱這片土地的美麗，卻無法為它消解一絲一毫的哀愁，想到炸彈，想到俘虜與戰火，想到活在恐懼中的人們，我感覺腸子絞成一團，整個身體內臟亂糟糟的。

「答應我，好好安全地活著。」

離別前對他說的最後一句話，每一個字都像鈍刀，哽在喉嚨來回顫抖地割劃著。海浪輕拍沙岸的頻率依然溫和且從未平息，黑暗中看不清他是否點了點頭，又或者是我軟弱的聲音，早已龜裂四散在惶惶終日的乾冷空氣中……

HUNGARY

匈牙利　溫暖的冬季

我終於明白不快樂的日子，
來自於你的心和人不在同一個地方。

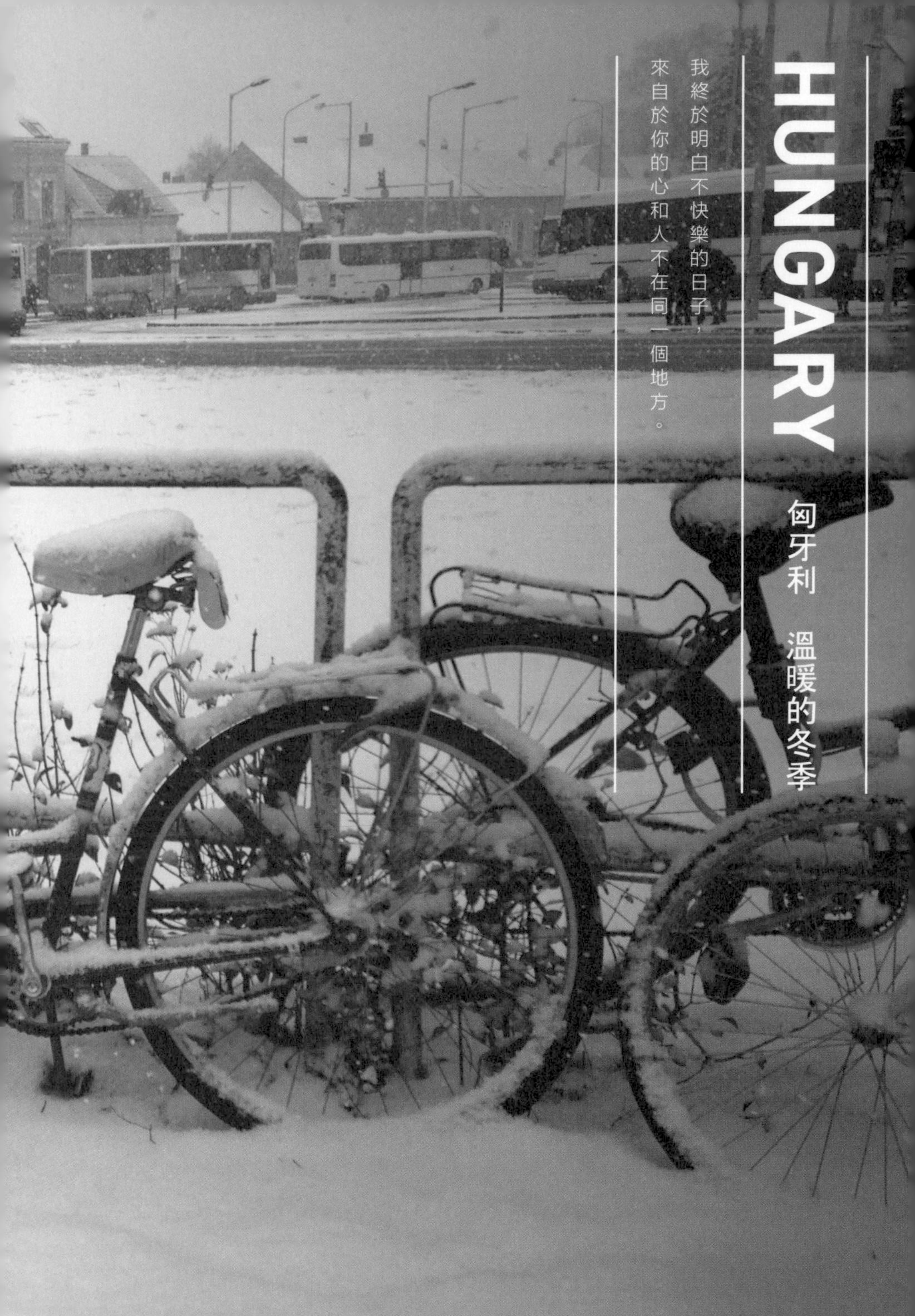

GALAXY

BUDAPEST

布達佩斯　我決定去你的國家走走

CH 1

對數字向來沒概念的我，在買機票的時候，把十二個小時的等待算成六個小時，整整差了一倍，當然，發現這個疏失時為時已晚。已經整整兩天沒有好好睡一覺，舟車勞頓的疲累感一湧而上，我坐在咖啡廳看書、寫信，計算著離轉機還有十個小時、九個小時⋯⋯直到眼皮再也撐不下去。

「找個沒有人的角落狠狠大睡一場。」這是我那時滿腦子不停重複並且塞滿的念頭。然而機場人來人往好不熱鬧，想找個安靜的角落可並非簡單。終於在二樓各個 VIP 室旁邊找到一塊空地，左看看右看看，沒什麼人經過，就決定是這了。

我放下背包，希望也能放下一身的倦意，替自己披上一路掛在手臂的外套，整個人開始浮浮沈沈徘徊在夢境邊緣，還是睡不好，即使已經找了角落靠著牆，躺在機場的地上仍不安心也不習慣。真的太累了，幾乎可以昏迷般失去意識地睡去，卻又要同時提醒自己保持警覺，這兩者之間的矛盾關係快令我失魂。就這樣休息與掙扎，時間悄悄而過，再度醒來，看一下手錶只剩下兩個小時了，用盡力氣起身離開地面，這時才發現，沿著我雙腳的方向，又有四、五個旅人靠著牆、倚著背包睡著，我恍然地感到極度欣慰以及有趣，原來我不孤單。

勉強打起精神，穿過偌大的長廊來到登機口，剛剛那一眠並沒有讓我充滿活力，反而深深感受到自己已經累到腦袋無法思考的程度，雙眼如失智般無盡放空，「一上飛機就要倒頭狂睡。」這是唯一的願望了。經過一連串登機手續，終於搭上飛往布達佩斯的飛機。

靠窗位置，冬天的天空在傍晚時分就已夜幕低垂，應該要倒頭狂睡的，偏偏那晚的月亮又大又圓，跟隨機身到了平流層，光暈將雲層照亮成一片海洋，我瞇著眼睛瞧它與我們之間的距離，看似伸手可觸卻又遙不可及，猶如一場溫柔的道別，靜靜地目送遠方。然而吸引我遲遲無法將視線移開的，是滿月，我發現今天是滿月，記得離開台灣的那晚天空也掛著一輪圓滿的銀盤，滿月是圓，是團圓，是滿滿對家的思念。這份鄉愁竟讓我捨不得闔上沈重的眼皮，拿出筆記本試著寫下那柔軟如絲般的月光，只是手太短，坐在位子上伸直了都開不到頭頂上的照明燈。隔壁旅客很好心地伸手幫忙，燈打下來的那一刻我轉頭向他道謝，我們中間隔著一個空位，他輕輕點頭說不客氣，臉上是抹很淺很淺的微笑。飛機餐點送來時，他非常友善地跟我說：「用餐愉快。」我刻意終止繼續聊天對話的機會，這並不是我的作風，但當時真的沒辦法，腦袋的運轉數已經降到最低，真的沒有力氣再使它運作，達到與人對答的功能。

不久後飛機降落，時間迅速到我心想，「天啊，老娘還沒睡飽！」跟著人流走向入境處，拿著護照排海關時，見到剛剛那位好心的陌生人，也許不管怎麼樣，都該為他剛剛友善的舉動向他好好道謝，於是我跟他排在同一列。他的身材高大、臉上的笑容和髮色一樣淺、灰藍色的眼珠帶著沈著的氛圍、一絲不苟的嚴肅外表卻總在不經意間流露出善意的溫暖。

「你看到一路送行我們的月亮了嗎？」

「它像太陽一樣亮。」

「謝謝你剛剛幫我開燈、幫我遞餐點和飲料。」

「小事罷了。」

「你是匈牙利人嗎？聽說匈牙利的人都像你一樣又高又白。」

「不，我是俄羅斯人。」

「斯巴西吧！」兩天前學會的，俄羅斯文裡的謝謝。

「不客氣！妳是哪裡人？」

「我來自台灣，俗稱福爾摩沙的島。」

「那裡有什麼？」

「有高山和海洋、上千家24小時營業的便利商店、好吃的食物和免費的公共廁所、還有很複雜的政治和很高的房價。有人說它是鬼島，但不管去過世界多少地方、看過多少美景，台灣永遠是我心所歸之處。」

他莞爾一笑，在離開行李轉盤時回頭對我說：

「嘿，我決定去妳的國家走走。」

「永遠歡迎。」

當這位只有一面之緣的俄羅斯男子說出那句話時，從眼神和語句的溫度可以感受到，那並不是一句客套話，然而也不需要被打勾勾保證，世界這麼大世界這麼大，飛機場吞吐著多少思念翱翔在天際，多少巧合才造就兩位陌生人在此擦肩。生活周遭裡，幾世的輪迴與因緣才得以擁有那些朋友與家人此生的緣份，一切都是多麼值得被珍惜。

布達佩斯　走向未知

比起度假、比起短暫的停留，我總希望能在當地住一陣子，過當地人的生活，做一些無聊的事情，例如去超市買菜、去公園散步。於是我想找個理由在一個地方久待，申請了匈牙利的國際志工後，也不等結果便任性地買了機票。有時候我會想像自己開著一台車橫衝直撞，無法回頭在乎逝去的風景，用最快的速度往前移動，被未知瘋狂的吸引，奔向完全陌生的城市，奔向沒有人認識我的地方，把自己變成透明的，靜靜地觀察，雲朵與天光，被街角的標誌吸引，在陌生的語言裡，重新染上一個城市的顏色。

抵達布達佩斯，多瑙河上的珍珠，當地時間晚上八點多，冬季的寒意已入骨。黛安和肯尼來接我，拿著國際志工的牌子和我的名字，機場大廳是一片灰色的寂靜，就連公車，和一路到市區的街景都是灰色，枯枝和水泥牆，像很舊的記憶，像共產主義留下的遺物。

「我從來都不懂，連接國際機場的這段路應該是門面，政府卻放任它這麼醜。」黛安說。

經過月台，經過皮靴踏過的路口，行人們穿著大衣與彼此擦身而過，整座城市安靜得像一場嚴肅的歷史課，聲音像被凍結在寒風裡，彷彿連落葉都會靜止在半空中，唯一響徹雲霄的是行李箱的輪子與地面發出的摩擦聲，我像個不速之客打擾著熟睡的河畔。

火車已經停駛了，今晚我留在肯尼的客房，他們告訴我搭明天中午的火車到松柏特海伊（Szombathely），西方的小鎮，有人會來車站接我，至於誰來接我，接去哪，接下來要做什麼，還是一無所知。肯尼煮了香腸當作晚餐，鵝黃色燈光終於替黑夜增添了一絲絲溫度。我將臉頰貼在冰冷的窗，獨自在這未知國度與未知明天，像一道道謎題，像一個個包裝著的禮物，在隨遇而安裡藏著無限浪漫的可能性。

松柏特海伊　每天都是新的開始

他們替我安排了一個在走廊盡頭的房間，有兩張單人床與毛絨絨的地毯。

凱特是當地社區發展協會的領導人，豐腴的身材與雪白色捲髮盡是歲月累積的智慧與慈祥，站在她身旁的男士身型瘦長，有著灰色的鬍子與灰色的帽子，像從童話故事裡走出來的紳士。我經過三個小時的雪景而來，他們早在火車抵達之前就在月台等待了。

「Mika 嗎？妳好，這位是凱特，我只是來幫忙開車的司機。」

「我們先帶妳去宿舍放東西，待會和凱特女士一起吃午餐。」灰色先生溫柔地說著，一面提起我的行李箱放進車廂裡。

「歡迎來到松柏特海伊。」

灰色先生一邊介紹這座城市，一邊笑自己英文不好，即使他已經解釋了接下來的行程，我仍是一頭霧水。凱特沒有講話，奇怪的是我就這樣在人生地不熟，連語言都不通的異地，坐在陌生人的車裡，卻完全沒有擔心害怕的感覺。我們經過積雪的停車場，從後門進入一棟偌大建築物，他們替我安排了一個在走廊盡頭的房間，有兩張單人床與毛絨絨的地毯。灰色先生向我解釋鑰匙與門鎖如何使用，然後表示他要離開了，祝我們有美好的一天。

「你不留下來一起吃飯嗎？」我說。

「我只是來幫忙開車的司機。」他舉起帽子像童話故事裡的紳士般，輕輕鞠躬道別。

那天後我再也沒有見過他。凱特領著我到她的辦公室，我像個外星人看著四處的匈牙利文滿頭問號，辦公室裡的阿姨準備了咖啡和巧克力，天冷的日子裡熱拿鐵一直是溫暖又甜蜜的慰藉。

一位年輕女孩慌慌張張地出現，她叫伊絲。

「嗨！我在樓上工作，這個鎮上會講英文的人不多，凱特找我來當翻譯。」

她瞪著美麗的大眼睛興奮又好奇地看著我，原來剛剛那棟建築物是高中宿舍，接下來瑪麗老師會替我安排課程表，和學生們見面聊天。原先有些資訊表示我會到學校裡當小老師，但想像中是國小或幼稚園，沒想到是高中生啊，突然有些緊張不知道自己能不能勝任，但既來之則安之，反正也無路可退了。

伊絲陪我一起到鎮上的商店添購保暖衣物，她說春天的時候廣場會有噴水池，有百花的

盛開與蝴蝶。小鎮很安靜，特別是冬季，下午五、六點天就黑了，商店也隨之打烊。街上的積雪在昏黃路燈下隱隱約約地發光，伊絲說氣溫一直接近零度，所以上禮拜下的雪到現在都沒有融化。

隔天早上八點，準時和瑪麗老師見面，他們希望我可以到學生的英文課上介紹我自己、我的國家和文化。學校是一體成型的，整棟都有暖氣包圍，在寒冷的冬天裡，即使換教室也不需要受寒。

第一堂課，我好緊張卻又要裝作鎮定，老師鼓勵學生舉手發問任何他們好奇的事情。於是他們問我——

「妳有兄弟姊妹嗎？」

「妳有養寵物嗎？」

「妳為什麼會來匈牙利？」

「妳喜歡這裡嗎？」

「台灣和這裡有什麼不同？」

學校的最後一堂課三點就結束了，當我告訴他們台灣很多高中生要補習到晚上九點，學生們全部一臉不可置信。我將大家的名字翻譯成中文字寫在黑板上，面對錯綜複雜的繁體字，連老師都驚呼連連，說每個字都像在畫圖一樣，好美，好特別。

幾天後，「學校來了一個亞洲女孩！」這件事像流感一樣傳遍了校園，我的課程表排得滿滿的，每位老師都想帶我去課堂上和學生見面，連地理老師都問我能不能做簡報，替學生上簡單的台灣地理課？我愣了幾秒，當然說好。又是一項全新的挑戰，腦海裡開始回想起高中地理老師上課時的模樣，希望她能多少給我一點靈感。

「台灣經濟概況，和台灣自然環境。」眼角下垂，塗著大紅色口紅的老師說。

我接下了任務，週末窩在宿舍裡充滿鬥志的查詢資料與整理。老實說，好多事情是我之前都不知道的，例如台灣的貧富差距、青年失業狀況；台灣的環島自行車道、國家公園、以及在這不到三萬六千平方公里的小島上，竟擁有兩百六十座超過三千公尺以上的高聳山峰。在替別人上課的同時也在學習，付出的同時也在獲得，沒有說出口我有多感激，有這個機會回頭去探索、了解自己的家鄉。

第二個禮拜，開始在各個不同課堂上以投影片介紹台灣，從地理位置到夜市文化、廟會、九份、陽明山、太魯閣到墾丁。我的分享絕對不完美，也不夠完整，但當我播放影片時，學生們認真的神情著實讓我深深感動著。

每一次介紹完畢，我都會讓學生們問問題，有天嚴肅探討完經濟困難、產業外移與失業問題後，來自學生唯一的問題是：「妳幾歲？」

某個禮拜四下午，下課鐘剛響起，一群來自其他班級的學生好像計劃已久似地衝進教室，正確地說，衝到我面前，派出一位白皙的金髮男孩，用非常誠懇的語氣對我說——

「Mika，妳能不能也來上我們班的課？」

有時候我感覺腦袋滿滿的，太多人事物太多感受，像吃太飽的胃需要一點時間來消化。日子像旋轉著在跳舞一樣，每天都是新的開始，每天都延續著前一頁的故事再展開新的章節。這樣隨意地漂泊來到匈牙利，又誤打誤撞住進了松柏特海伊這所高中裡，一切都像冥冥中注定著的緣分，我想我永遠也不會忘記有天瑪麗老師在走廊上對我說：「謝謝妳，現在全校都知道太平洋上有個美麗的島叫做台灣。」

這千金難買的回憶，比親自造訪任何古蹟名勝，更令人刻骨銘心。

SZOMBATHELY

松柏特海伊 最浪漫的事

CH 4

「我叫奧格莉，在幼稚園當老師。」

在匈牙利做語言交換志工時，初次見到奧格莉女士。

「如果妳不介意，想邀請妳來家裡坐坐，也許可以喝點茶……」

她講著簡單而生疏的句子，充滿誠懇與溫度，一頭金色細軟的短髮，充滿祥和的淺藍色雙眼，眼角歲月的痕跡更襯托著她的智慧與氣質。

天寒地凍的季節，氣溫一直都在零度左右，以至於上禮拜下的雪至今仍覆蓋著草坪，我們穿過一片白茫，來到奧格莉的車旁，是一台中古小轎車，後座放著造型可愛的兒童座椅，奧格莉笑了笑說：「我有兩個孫女和兩個孫子。」

她的先生坐在副駕駛座，慈祥的微笑向我問候。路上他們花了一點時間來瞭解後座那位女孩的來歷，她來自西太平洋上一座美麗的島嶼叫做台灣，奧格莉興奮地說：「我有個表妹在香港工作，她曾經寄給我有台灣風景的明信片。」是啊，我看著車外的景色飛逝，深感天涯若比鄰，相逢何必曾相似呢。多雲的天氣總是灰灰陰陰的，令人分不清現在是清晨還是午後，來到郊區，街道更是彷佛真空般靜謐。

「好美的房子！」我驚嘆著說。

「孩子們很少回來，我們兩老住這裡實在是太大了。」奧格莉溫柔地回答。

獨棟建築、三角形的屋頂、有好幾個窗戶和木質的門，積雪的庭院裡有一條鋪著石板的小徑，光禿禿的樹上綁著盪鞦韆，不難想像春天裡一家人在這裡烤肉野餐的畫面。

迎面衝來一團黑色的毛球，是他們夫婦養的狗，名字的發音跟披薩很像。

「牠很小隻，但是有很大的牙齒！」奧格莉這樣形容那隻黑絨絨、看不出是什麼品種的小可愛。踏進屋內，瞬間被一股鵝黃色的溫暖包圍，我們將大衣和圍巾掛在玄關口，似乎像一種關上門告別室外低溫儀式。奧格莉讓我坐在餐桌旁，然後從冰箱裡拿出燉湯和米飯問我要不要吃，

「Igen！」我欣然地這麼說，是匈牙利文裡面「好」的意思，四周是安靜而溫馨的氛圍，

我忍不住環顧觀察著這個空間，小碎花圖案的桌巾，精緻可愛的盤子和爐子，好像小時候玩扮家家酒的廚具。而專注著在替我加熱食物的奧格莉，看起來像極了童話故事裡和藹的奶奶。奧格莉先生不說英語，靜靜坐在奧葛莉身旁，聽著我們倆用他聽不懂的語言交談，不離開也不打擾。

我好奇地問：「你們結婚多久了呢？」

奧格莉替我盛了一碗充滿紅蘿蔔和各種食材的燉湯，轉著眼珠想了想。

「四十年。」

然後掩不住嘴角的笑意地接著說：「這些食物都是他煮的喔！」

我也忍不住興奮地繼續追問：「天呀，快跟我說說這個浪漫的故事！」

奧格莉望了望窗外，侃侃談起當年與丈夫相

遇在斯洛伐克邊界的一間小酒吧。

「他問我要不要跳舞。」

我彷彿能看見四十年前，泛紅著臉頰的奧格莉輕輕點點頭。

「我的母語是匈牙利文，而他的是斯洛伐克語。」奧格莉停頓了一會兒，她的語氣輕柔而緩慢，我仔細聽著每一個字，深怕漏掉了哪個浪漫情節。

「但是語言並沒有阻止我們相戀。」

我喝完了燉湯，桌上還有豐盛的蛋糕，奧格莉先生拿來了一本厚厚的地圖集，身為二十一世紀，事事依賴網路的人類之一，看到紙本地圖覺得眼睛一亮。兩人翻開中歐，指著匈牙利的周圍告訴我：「我們曾經擁有比現在大好幾倍的土地。」然後奧格莉指向羅馬尼亞的中間說：「這裡，住了很多匈牙利人。」原來一戰後羅馬尼亞從匈牙利那裡奪走的土地，超過它本身總面積的一半。

接著奧格莉說到一九五六到一九八四年左右，城裡到處都是俄羅斯的軍隊在駐守，他們站在高處監視人民們的一舉一動。

「那段時光裡生活得很苦。」她用手比著望遠鏡的動作。

「我們在學校都要學俄文，但是現在我已經忘了。」

我想到台灣的日治時期，人民要學日文、取日本名字，被迫接不平等待遇，那些艱辛與滄桑，恐怕只有曾身歷其中的人才懂箇中滋味。奧格莉意味深長地嘆了口氣，我能感受到她有好多話想說，卻又礙於言辭無從表達。

除了家家有本難念的經，整個世界的每個角

落都有數不盡的淚水，這些血汗交織的千年情仇，又豈是三言兩語能道盡。

天色漸黑了，我將視線從沈重的地圖移到眼前的夫妻，兩人沒有如膠似漆的互動，而是有一種沈甸甸的愛，堅毅地、無形地將彼此繞在一起，是那份情感讓人在亂世風雨中仍能勇敢前往未來吧。

「親愛的，拍張照吧！」我說。

她愉快地答應，並且邀請我到客廳，將兩張椅子並排在火爐前，安排好位置，兩人相視而笑的畫面是世界富豪也買不到的溫馨。

奧格莉熱情地帶我參觀整棟房子，兒孫們回來時睡的房間、更衣室、儲藏室、裝滿聖誕節飾品的大箱子，來到奧格莉的房間，她拿出一條藍色珠子串起的項鍊掛在我脖子上。

「送給妳的，藍色在妳身上真好看。」她瞇著眼睛笑著說。

而我總是粗心大意，總是這麼不周到。「奧葛莉，我真慚愧，我沒有準備任何東西。」

「說什麼呢，傻孩子。」然後給了我們給了彼此一個足以溫暖一個世紀的擁抱。離開房間的時候，奧格莉說她睡在這，而先生睡在客廳，那裡有電視，他總是看著看著就睡著。

「妳一個人睡樓上？」

「我丈夫動了手術，不能走太多路，也不方便上樓梯。」

天啊，我問是什麼手術，她想了想，我急著問：「是內臟嗎？還是膝蓋？骨頭？」

奧格莉指畫著肚子周圍的位置，我說：「腸子？肝？腎臟？胃？」

「胃！是胃的手術！幾週之前的事。那時候他變得好瘦好瘦，臉頰都凹進去了。」

「噢！妳一定非常擔心。」這個「噢」的聲音，是跟當地的女孩學的，是非常誠摯的一個感慨詞。這下子我的一切疑惑都合理了，為什麼奧格莉開車、工作，而先生只待在家裡。

你無法做的事，我來做就好。

我的心在這棟屋子裡本來就有如蜜糖般焦稠而甜膩，那瞬間像大火加熱般溶成一灘濃情的春雪。「一切都會沒事的。」我對她說。

「是呀，再過一陣子他慢慢康復了，我們就能恢復往常，整理院子裡的雜草。」

回到餐桌，奧格莉先生正在收拾碗盤，奧格莉笑嘻嘻地對我說：「他說他要洗碗呢！」

我也被感染幸福的氣氛，喜滋滋地說：「真是個好老公對吧！」

直到街燈成為窗外唯一的亮光，奧格莉送我離開。

「沿著這條路，大概走三十分鐘可以到市區，我們有時候會散步過去。」她說。

太陽西沈後的小鎮已如深夜般寧靜，寒風凍著寥寥可數的路上行人，有一首歌在我腦海不停重複播放——我能想到最浪漫的事，就是和你一起慢慢變老，直到我們老到哪裡都去不了……

PÉCS 佩奇　淺藍色天空

CH 5

「和我一起去佩奇（Pécs）吧？」蘇珊娜說。

我們在凌晨五點出發，開著車前往匈牙利南方的大城，佩奇。一路上天還是黑的，街道如鬼城般寂靜。

蘇珊娜是文質彬彬的大學教授，也是凱特的好友。她曾邀請我到她家作客，煮了道地的匈牙利燉牛肉，我觀察著那間小巧玲瓏的公寓，冰箱上貼滿了世界各國的磁鐵，屋內的擺飾溫馨而井然有序，窗外，窗外望出去就是鄰國奧地利。蘇珊娜有個優秀的女兒在丹麥工作，她擔心我受不了歐洲的寒冷，便翻箱倒櫃地拿出女兒的衣物讓我帶走保暖，我記得她站在衣櫃前的背影，滿滿都是對一個遠道而來的陌生女孩，溫柔的關懷。

此刻我圍著蘇珊娜的圍巾，坐在車裡昏昏沈沈地睡著了。大約五個小時的車程，我們在天亮的時候停下中途休息，喝了一杯卡布奇諾，那間店不像咖啡廳或早餐店，而是開到清晨所以順便賣賣咖啡的小酒吧。

佩奇市中心的賽切尼廣場有一座偌大的清真寺聳立，是十六世紀時鄂圖曼帝國的統治所留下的歷史印記，它的城牆已經斑駁，與前方騎士英勇的銅像相互守望著，土耳其藍的圓弧穹頂在冬日天幕下閃亮如詩，猶如數百年的時光不曾風化流連於此。

這是一趟公務旅行，蘇珊娜要和當地大學教授開會，於是午餐後我一個人在街道上隨興地散步，彩色地磚上還有殘雪，經過教堂、劇院與賣瓷器的商店，滿街都是令人想駐足停留的文藝咖啡廳，我並沒有停下腳步，只是不停地走。下午太陽終於探出頭來，在廣場撒下一片金色，溫暖了冰冷的英雄銅像和與在路邊長椅上賣花的老伯，我也抬起頭來沐浴著難得的冬季陽光，天空終於從終日的灰色化為淺藍色，像還沒乾的水彩畫，在這個寧靜的午後。

蘇珊娜開著車帶我到市郊的小山丘上，在夕陽時分俯視著古城的小屋遍野，她說：「這裡的春天很美，百花齊放，妳到時候一定要再來一次。」

天色漸暗，我們結束短暫的南方一日遊，坐上紅色小轎車打道回府，沿路是荒蕪的平原與光禿的樹木。我將臉貼在車窗，無意間抬頭發現滿天晶瑩的銀河，一閃一閃，像俏皮的孩子嘻笑著，原來是真的，在最黑的夜裡有最亮的星空，我一顆心感到平靜如水，彷彿從今以後，即使置身多麼險惡無光的黑暗中，都不再害怕了。

BUDAPEST

布達佩斯　多瑙河上的珍珠

每當有人問起，什麼風把你吹來匈牙利？歐洲那麼大，外地人的首選通常是西歐，法國，德國或西班牙之類的……為什麼是匈牙利？

「因為布達佩斯是多瑙河上的珍珠（The Pear of Danube）。」我總是這麼說。

在這個國度數週後，終於有機會背起隨身背包，前往首都一探究竟。沿著人來人往的街道，我想往河岸的方向走，迷人的中世紀古典建築頻頻令人屏氣，彷彿下一個轉角就會遇見騎士和公爵。

橋上有位男子立著畫板，正專注描繪著眼前的向晚，多瑙河恰似一條金色緞帶，將城市溫柔地分成兩邊。我在深色的寶石天幕下站得出神。

「這座城市很美吧？（Such a sunning city, isn't ?）」他看了我一眼。

我點點頭，猶如掉入這片眼淚般憂鬱且美得令人憐惜的湛藍裡。

「遇見這樣的景色需要碰運氣，必須剛好是晴天，剛好太陽已西沈但街燈還在緩緩的依序

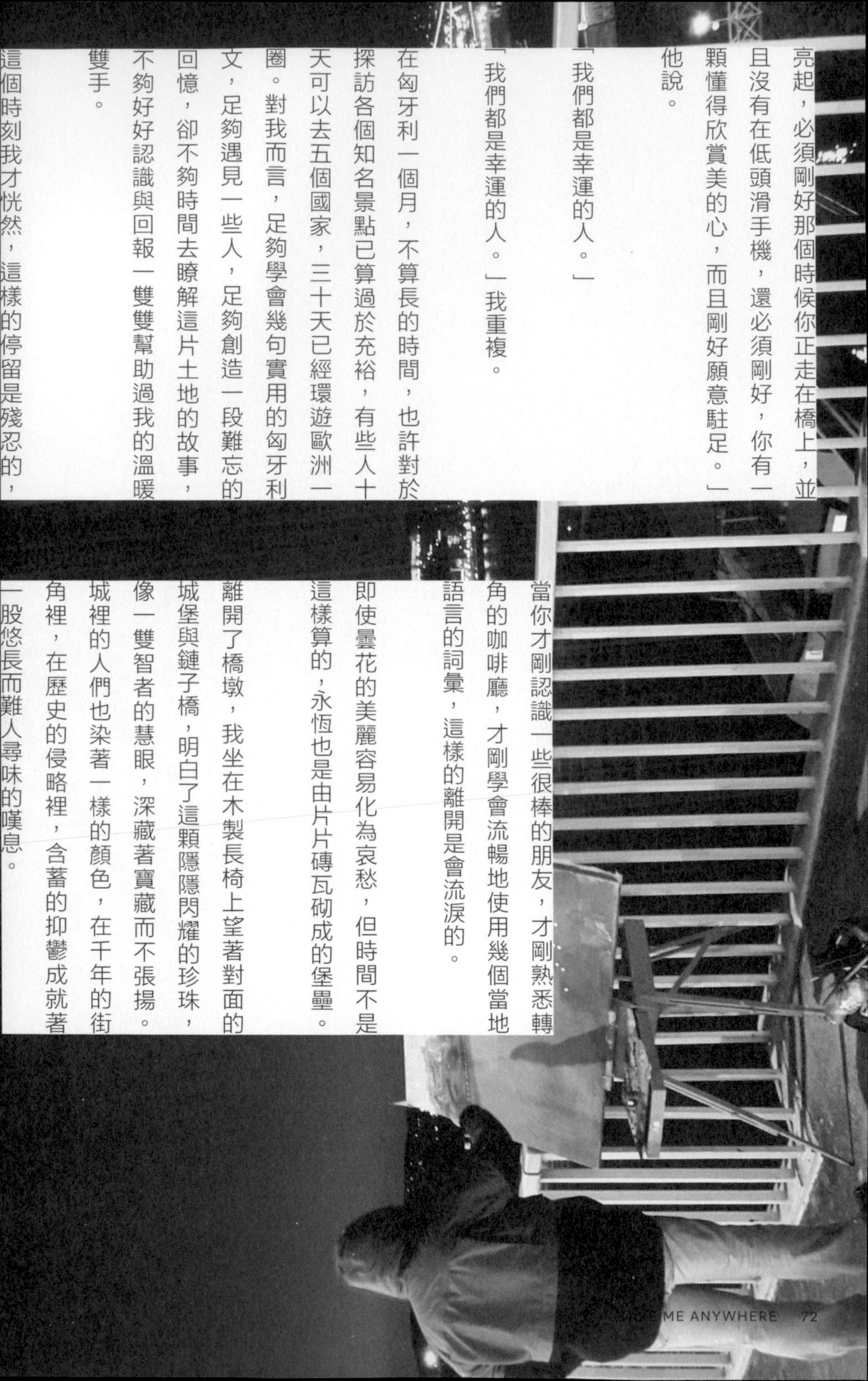

亮起，必須剛好那個時候你正走在橋上，並且沒有在低頭滑手機，還必須剛好，你有一顆懂得欣賞美的心，而且剛好願意駐足。」他說。

「我們都是幸運的人。」

「我們都是幸運的人。」我重複。

在匈牙利一個月，不算長的時間，也許對於探訪各個知名景點已算過於充裕，有些人十天可以去五個國家，三十天已經環遊歐洲一圈。對我而言，足夠學會幾句實用的匈牙利文，足夠遇見一些人，足夠創造一段難忘的回憶，卻不夠時間去瞭解這片土地的故事，不夠好好認識與回報一雙雙幫助過我的溫暖雙手。

這個時刻我才恍然，這樣的停留是殘忍的，當你才剛認識一些很棒的朋友，才剛熟悉轉角的咖啡廳，才剛學會流暢地使用幾個當地語言的詞彙，這樣的離開是會流淚的。

即使曇花的美麗容易化為哀愁，但時間不是這樣算的，永恆也是由片片磚瓦砌成的堡壘。

離開了橋墩，我坐在木製長椅上望著對面的城堡與鏈子橋，明白了這顆隱隱閃耀的珍珠，像一雙智者的慧眼，深藏著寶藏而不張揚。城裡的人們也染著一樣的顏色，在千年的街角裡，在歷史的侵略裡，含蓄的抑鬱成就著一股悠長而難人尋味的嘆息。

在布達佩斯的日子，不免俗拜訪了布達城堡與皇家澡堂，浪漫又悠閒的氛圍，連隨意走在路上都變成一種生活享受。湯馬士連續說了好幾次抱歉，因為這個週末他必須得去一趟斯洛維尼亞，而無法陪我玩耍；我也說了好幾次，真的沒關係。湯馬士仍憂心忡忡，不得不提一下，他喜歡攝影與音樂、常常和音樂人朋友一起合作，拍攝影片與創造新的點子，這一切特點跟我另一位非常有才華，也叫「湯馬士」大學同學一模一樣，起初聽到的時候覺得有些不可思議，我還仔細端詳了一下眼前這位匈牙利湯馬士，嗯，聽說「世界上至少有三個跟你極度相似的人」，現在我明白了，就是在講這個情況沒錯。

總之，匈牙利湯馬士介紹了來自墨西哥的卡洛斯，交代他一定要好好照顧我。卡洛斯來布達佩斯做為期一年的工作實習，每次見面都會給我一個熱情的擁抱，並且親吻我左邊臉頰，總是滔滔不絕地和我探討墨西哥與台灣的文化差異，然後不停大驚小怪，兩人花了好長的時間學會對方語言的困難發音，我們穿過了整個城市的大街小巷，吃了全城最好吃的匈牙利燉牛肉，路邊的各式甜點與鹹點，還帶著我一個晚上闖了好幾間酒吧。

有天我心血來潮地問卡洛斯：「你知不知道台灣在哪？」

他說不知道。我因此急得跳腳：「你和一個台灣女孩相處了好幾天，一點都不好奇她到底來自哪塊土地嗎？」

隔天，他得意洋洋告訴我他上網把台灣徹頭徹尾地查明白了。他說：「聽說你們的路上很難找到垃圾桶。」我哭笑不得，查了一個晚上的成果就這樣啊？雖然仔細想想好像是真的，平常卻沒注意到。

我們走進一間遊艇酒吧。

「看看那個人，你覺得他很奇怪嗎？」

卡洛斯指向舞池裡一個用著誇張步伐忘情獨舞的人，當大家都只是微微擺動，男子一個人恣意跳著誇大的肢體動作，看起來的確有點格格不入。

然而還沒等我回答，卡洛斯說：

「不，他很享受他的時光，我完全替他感到開心。」

我幾乎愣住了，以前從來沒特別思考過這個問題，彷彿在文化框架的挾持下，我們在生活裡已經太習慣去輕易地評判別人，習慣跟隨群眾的腳步，覺得跟多數不一樣的人就是「怪異」的人。如果他活得很快樂，並且沒有傷害到任何人，我們到底憑什麼以自以為是的成見去對他指指點點呢？

「他的確看起來很沈醉其中。」卡洛斯點了第二杯啤酒。

「去外面透透氣吧。」

「聽說這裡有一條法律，規定人們不能在街上喝酒。」

「所以看到警察要記得把酒藏起來！」

來自地球兩端的兩個人，在河邊坐著，直到國會大廈熄了夜晚的燈。布達佩斯的夜是金色的，像整個城市裏上一層發光的麥芽糖，像夕陽灑過的餘暉還逡巡游移著，捨不得離去，像一位紳士優雅而安靜，沒有五光四射的霓虹燈和摩天大樓，只有溫柔的金色光暈和依然閃亮的繁星。

我想起了曾經遇到的一個女孩，她說每個人的生日都代表著一種顏色，而我的是金色。它有可能同時存在固體與液體，代表堅強的外在與細膩的心。我發現我喜歡這個比喻，金色高貴卻不如銀色刺眼、迷人但不像黃色般強勢，我喜歡它有點模糊的空間和猶豫的地帶。剛好仙女的魔法粉是金色的，小時候最喜歡的顏料是金色的，我們手中握著的啤酒是金色的，走在世界的路上遇見很多人，也和很多人說再見，然而到過的每個地方、聽過的每個故事都將伴隨呼吸而成為生命裡的養分。

「嘿，下次見面，我們再去吃那間超好吃的沙威瑪。」

「如果妳不會再回來這個城市，嗯……在西班牙文裡，我們道別時會說……」

「Have a good life.」（願你有美好的一生）

如果後知後覺是種病，我是它的重度患者，一想到離別呀，我說了聲 Cheers，邀卡洛斯一同舉杯，敬在天涯的相逢，敬此時此刻單純快樂的我們。只是好久好久後再次想起那句話，才突然在清晨的浴室淚流不止，直到熱水燙紅了腳趾，心緊緊的，啊，原來是離別呀，原來那句話源自於最心臟最真誠的深處——親愛的朋友，即使我們的交會只是生命總長的千分之一，我真心，願你，擁有美好的一生。

SZOLNOK

索爾諾克　小鎮的靈魂

CH 8

「陌生人只是還沒認識的朋友。」我說。

「沒錯！」潔西卡大笑。雪白色的羽絨外套將她嬌小的身軀裹著像個小雪人。

我們一行人從麵包店裡走出來，搭了兩個小時的車終於抵達目的地，大家都餓壞了。這是亞當的家鄉，他蒼白的臉龐活像個屬於冬天的人，他說一起去索爾諾克吧，那裡有一座橋，是世界上最長的徒步橋。

「這是大麻種子做的麵包。」柔娜挑著眉。

我從潔西卡手中接過剛從雜貨店買的便宜香檳酒，仰頭灌下一大口。

分不清幾點鐘了，冬季外套的厚重讓手臂難以伸展，有種延緩了時間更迭的錯覺。幾乎忘了眼前在街道上手舞足道的女孩們，兩天前還是毫無交集的陌生人。

那個星期六和卡洛斯在市區的廢墟酒吧，他教我看到喜歡的人可以主動去搭話；教我瞇著眼微翹左邊的嘴角和陌生男子借一根煙。我們在擁擠的舞池穿梭著。

「妳看，那裡有四個亞洲女生。」卡洛斯說。

「應該是韓國人吧？」

我從遠處眺望著。在東歐的這段日子極少見

到亞洲臉孔，更沒在舞池裡遇過。

「但是不管怎麼樣我要過去跟她們講話！」

於是我跑去搭訕那群女孩。原來是同鄉！是台灣人！我忍不住開心地驚呼，老鄉見老鄉，兩眼淚汪汪。滿滿的親切感一湧而出，不顧其他人的感受，更不在乎會不會踩到他們的腳，我們在舞池裡興奮擁抱、跳耀，尖叫持續了十幾秒。

隔天我輾轉聯繫到柔娜，她在下課後來到咖啡廳與我見面。原來四個女孩是來布達佩斯當交換學生的，她們擁有半年的時光可以生活在這浪漫的城市。我們聊了很多，從柔娜的坦桑尼亞之旅到大學實習與未來計畫……晚上我取消了原訂計畫，來到柔娜、欣與潔西卡分租的公寓。

「待會亞當要來煮飯，他是我們在學校的學伴。」

「妳一起來吧？晚上妳可以留在這邊。」

我快步經過漢堡王，博物館左邊的巷子轉彎，按下密碼進入已經住了幾個晚上的青年旅館。

嗨，不好意思，我可以現在退房嗎？櫃台的女孩總是綁著辮子，講話語氣溫溫柔柔地告訴我當然沒問題。

就這樣順著緣分的牽引在遙遠異地與熟悉的陌生人一見如故，我背上背包，走向另一場不曾期待過的旅程。

在亞當的邀約下來到索爾諾克，大概夜已深了，一整排的平房襯托著夜空的靜謐，空曠的鄉間小徑與彼此保持著距離的路燈。沒有見到亞當的家人，但看見整桌的麵包、火腿與起司和房間裡鋪好軟綿綿的棉被與枕頭，六人份，多麼隆重與真誠的歡迎。

亞當的父親在院子裡養了三頭牛、一匹馬、

一些羊和數不清的兔子。我們圍在餐桌吃早餐，配百齡卡（Palinka），傳說中最正統的匈牙利酒，家家戶戶都會製作，用水果釀的高濃度酒精。喝下去的口感溫醇帶點甜辣，最適合大陸型氣候的冷冽裡禦寒。閒話家常之間，餐桌上又多了些餅乾甜點，我們繼續吃繼續喝，一直到晚餐時間都沒有離開座位。

又是一個天黑，大夥們還在同一張桌子上玩著德州撲克。

那個男孩眼神飄忽，是不時害羞而甜膩的飄向潔西卡。迪是亞當的表弟，年紀大概比我們小吧，他不會說英文，但即使沒有言語，大家都感覺到他喜歡潔西卡，他也很巧妙地默默將座位換到她旁邊，語言不通和使用共通語言的人是一樣的吧，遇到愛情的時候都一樣，畢竟在文字世代之前人們也是用靈魂在交流的。

賭局結束後我們走路去酒吧，打撞球，玩桌上足球。遇見亞當的表妹和小學同學，小地方的特點，人們認識彼此，他們用匈牙利文興奮地和我們打招呼，我拿著啤酒只會說：「一梗（Igen）。」對啊對啊地不懂裝懂。

潔西卡將短髮勾到耳後，她凝視著遠方說——「我們在這裡的日子和在家鄉時截然不同。從來沒想像過有一天自己會拿著酒瓶狂飲。」

「別看我們像酒鬼，在台灣可是連夜店都從來沒去過的乖女孩。」

是不是從小我們被教育，好女孩要坐姿端正，要乖，不要奔跑不能放肆大笑，好女孩要輕聲細語，要乖巧順從，更不能抽煙喝酒。多少人活在社會給的角色裡，成為社會期許他們應該成為的樣子，被無數的標籤壓抑著，沒有嘗試過，沒有尋覓過，因為大人說，要乖，要聽話。

女孩們還在談論著匈牙利的酒很便宜，所以要多喝：「喝到就是賺到。」

你真該看看她們脫下文化框架的樣子，多麼真實美好。我真希望從今以後不論在世界哪個角落，女孩們都能這樣笑著，享受著自由，熱愛著生命。

我們歡唱、談笑、不在乎明天似的飲酒作樂。迪一直在潔西卡身邊，幾乎將黑夜染成彩霞般的粉紅色，至於後續發展也不重要了，只要當下順著自己感受，表達了你的心意就夠了呀。

離開的那天是晴天，路邊雜生著青黃色的芒草。我想，比起城市的迷人，我更留戀小鎮的靈魂。在匆匆而過的時光與街景裡，閉上眼睛還看得見旋轉的酒瓶，與女孩們瞳孔裡的婆娑起舞的遼闊與光芒。

焦耳　沮喪一下下就夠了

今天要回到松柏特海伊了，我的心充滿歡喜、自由與滿足。那段已經熟悉的軌道，卻在坐上火車之後不小心睡著，而錯過應該要轉車的地方，暗自懊惱，只好到下一站再坐回來。

驗票員在此時出現，我試著想解釋我的狀況，而他看都不看我一眼，只是很不客氣地要我付車票的兩倍罰款，我也認了掏出錢來，只是輕輕皺著眉頭搞不清楚狀況。想問問下一站下車就可以了嗎？這張是補票證明嗎？我的座位在哪呢？收了錢的驗票員突然不講英文了，連該找的錢都沒有找，在嘴邊碎碎唸了幾句聽不懂的語言便轉身離開。

在匈牙利，總覺得遇見的人都很友善很誠實，出去吃飯或買任何東西，就算只是幾個銅板，服務生也會一毛不差找給你；連布達佩斯的遊民都不會纏人要錢，從來沒有遇過有人想貪你便宜。那位驗票員，故意欺負外國人嗎？

我感到前所未有的難過與百思不解。

下一班火車要等三個小時，冷風令人更顯孤寂，獨自坐在空無一人的月台，還是忍不住落了幾滴沒有用的眼淚，試著告訴自己，事情過了就算了，世界上的人本來就有好有壞，我還是相信絕大多數的人是善良的，只是偶爾遇到不安好心的傢伙來搗亂一下，沒什麼大不了。

我沿著車站前那條直直的路一直走，想找個至少不會把腦子凍壞的容身之處，雙腳走得沈沈的，經過的街景彷彿毫無意義。

終於在第五個街口，找到了一間咖啡廳，吧台裡的女孩在離開時親吻了正在做咖啡那位男孩的臉頰，我走進店裡便感到陣陣暖意，坐下來點了一杯熱巧克力。擦得透明無暇的落地窗外沒有太多行人，靜下來才發現，這個小城鎮跟松柏特海伊很像，像奶奶在床邊輕聲唸著的故事書。咖啡廳裡擺飾著不少甜點，牆壁刷成淺淺的粉紅色，只有一張桌子，我對面的大叔拿著電話在談生意，說著一口美式英文。問我是不是日本人，我告訴他是台灣，他微笑，點點頭說——

「台灣是亞洲最美的國家！」

我也笑了，心也打開了，像下了幾個禮拜的雨後見到陽光一樣。有人說旅行就像是人生的縮影，五味雜陳才是真實，走在這條路上，學會放下無法改變的過去，不再顧著哭泣而錯過身邊的美好風景，沮喪永遠都只要一下下就夠了。

SZOMBATHELY

松柏特海伊　與陌生人的年夜飯

CH 10

「獨在異鄉為異客，每逢佳節倍思親。」也許只有當你一個人，在沒有人熟悉你的城市裡走著，一個人吃飯，一個人等車時，才會想起以前從沒注意過的事：例如小花草的舞動；陌生人髮梢與指尖；自己內心深處的渴望；以及遠遠憶起對家那層濃得化不開的情感。

那是星期五，學生們都回家的日子，那天也是農曆年前夕，一個沒有鞭炮聲的除夕夜。我是怎麼一個人跑到這千里之外的呢？怎麼在大家團聚的日子孤零零走在昏黃街道上？沒有任何計畫，也來不及計畫了，在宿舍房間裡還有一些麵包與台灣帶來的方塊酥。我將毛帽又拉低了一點，松柏特海伊向來都是這樣的，晚上六點過後街上就連隻貓的影子都沒有。

年夜飯向來是我最期待的一餐，家裡人少，每年都是簡簡單單煮個火鍋，但總要從下午開始張羅，和母親勾著手去買菜，彷彿在繁忙的時光裡，就這天不允許被打擾，我們要坐在餐桌上不疾不徐地好好用餐，談笑著年歲飛逝，將舊帳一筆勾銷，吃完這餐一切又是新的開始，充滿希望與期待。如今不在家過年了，是我自己的選擇，沒有太多惆悵，只是蠶絲般柔柔軟軟的寂寥蜷曲著身體，閉上眼還能聞到家中餐桌上香氣四溢的味道。

「除夕夜快樂。」手機螢幕亮起，是幾個禮拜前在大賣場遇見的中國姊姊，有句話說「Chinese everywhere.」還真的假不了，再偏僻的地方都有中國人的足跡，連這個小鎮都有中國人經營的成衣店。那天是伊絲陪著我去找便宜又保暖的圍巾，在櫃台聽見有人在講中文，好奇之下我便上前去打招呼，大姐說她和哥哥一起來做生意，八年了，對這地方不喜也不厭。

我們交換了聯絡方式，在這華人的重要節慶裡也給彼此點了盞溫馨。

「除夕夜快樂，吃飯了嗎？」我回應。

「一個人在家，就沒特別吃了。」

「我也一個人，要不要一起去吃麥當勞？」突然想吃牛肉堡，再說還開著的餐廳也寥寥無幾，有個漢堡總比方塊酥來得撫慰人心一點吧。

就這樣我與姊姊約在麥當勞門口見面，這城鎮很小的，即使我們住在它的兩端，各十分鐘就可以在市中心會合。寒暄了幾句新年好，如此冷清的夜還真沒過節氣氛，我無意地提到好想吃火鍋呀，大姐靈機一動！大叫著——

「好好好！我們回我家去煮火鍋吧！我還有些麻辣湯底包！」

「早點說嘛，過年吃什麼麥當勞呢。」

我也瞬間興奮著，無心插柳柳成蔭。於是兩個女生轉移目的地前往超市，很幸運地亞洲超市還開著，在西方國家就會發現，通常只有中國餐廳、亞洲超市等，由華人經營的店會開到很晚。

「吃牛肉嗎？土豆？」

「隨便拿，想吃什麼今天姊姊請客。」

她開心推著推車在超市裡，手起手落地拿了滿滿的食物，我猜她的年紀大概三十出頭，身形纖細單薄，有雙典型東方女人的細長眼眸。她從架上拿了兩瓶紅酒，說今天過年嘛，咱們來喝個痛快。

轉個彎就來到姊姊的住處，公寓二樓，狹小而凌亂，她說其他人進城裡去談生意了，屋子只剩她顧著。哥哥在布達佩斯，老公長期都在中國，她說，手機要充電還是要用電腦，都隨意呀，當自己家吧。講話同時，她已經熟練地擺好瓦斯爐與鍋子，開始在流理臺切著土豆。

「有什麼我能幫忙的？」我說。

「沒事，很快就弄好了，妳坐著吧，不然放點音樂好了。」姊姊從廚房喊著。於是我從手機裡隨意地播放了Chat Faker，雖然跟過節不太搭。我還是堅持擠到廚房裡去洗菜，兩人一起把火鍋準備好了，比臉盆還大的鍋子在餐桌中央冒著煙，她從冰箱裡拿出了冷凍的蝦子，喜滋滋地說今晚可豐盛了！

我看著如回憶般的熱氣在空中冉冉而上，撲在鼻尖及臉頰，好溫暖。

「開動吧！」

我們拿著碗筷，已經飢腸轆轆，便不客氣地大口大口吃著牛肉與蔬菜。姊姊一邊喊燙、一邊喊著好吃、一邊拍照傳微信給朋友們。

「我要炫耀今晚跟一個美女過除夕！才不是孤單一個人呢！」她說。

就這樣兩個異鄉人，素昧平生，只因萍水之緣而千里相會，在沒有任何安排的巧合下遇見，誤打誤撞在一起吃了頓年夜飯，把肚子吃得圓滾滾的。我不知道姊姊的名字，她好像從來沒有正式介紹過自己，只記得那晚沒有酒杯，我們便人手一支紅酒瓶對著嘴喝，喝得微醺而暖和，扎扎實實過了個好年。

松柏特海伊　親愛的蘇利文

我睡到下午，朦朦朧朧地睜開雙眼，想起下著雪的日子，想起了蘇莉文，我時常想起她。只是這一次我知道，必須立刻提筆將她寫下，否則有一天她對我的啟發與感動，會被時光無心插入幾片霧面玻璃，變成摸不著也記不清的遙遠回憶

「Mika，一個人會不會很無聊？」

「如果沒事的話，我們可以一起吃午餐。」

「我知道隔壁大學有不少中國學生，也許妳會想認識一下他們？」獨自身在非英語系國家的鄉鎮裡，能好好聊天對話的對象，真的少之又少，蘇莉文是學校的英文老師，我想她懂我身為異鄉人的孤單，於是當天下午便帶著我穿過小巷子，直闖隔壁大學的女生宿舍，當時我還懵懂，對別人的提議通常來者不拒。和警衛講了句話，他讓我們上樓，最後並沒有找到蘇莉文提到的那個中國女生。

「不如留張紙條吧？」我在空白紙上寫下繁體中文，警衛伯伯看著漢字之複雜與美麗瞪大了眼睛。告別了好心的警衛，我們沿著同樣的小徑鑽回來時的路，蘇莉文問要不要晚點去喝一杯？我當然毫不猶豫答應了。

蘇莉文牽著腳踏車，她說不介意的話，先陪

我去一趟電信局吧。學校離小鎮的鬧區只需走路約十分鐘，那是一個車子不能開進去的廣場，周圍是一家家的店面，華麗的中古歐洲建築，聽說春天滿街的鳥語花香更是迷人，冬季陰暗，冷冽，空蕩，總讓氣氛有些死氣沈沈。

「到了，這間酒吧就叫做兩隻熊。」夜晚的黑被昏黃的路燈染成暗金色，眼前的霓虹燈以捲曲的字體寫著「Két Medve」。我們點了單杯的白酒與紅酒。

「如果我再年輕十歲，一定天天帶妳去派對喝到掛！」

「不過有一句最重要的匈牙利文，妳一定要學好，牢牢記著。」

「**Egészségedre!**」

Egészségedre，乾杯的意思，花了好久的時間才學會，發音大概是：欸葛利伊許欸格兒跩。蘇拿著老舊型手機，打了一通電話問她老公要不要來加入我們。我察覺到她沒有化妝，卻是如此自然的美麗，聽到我講有趣的事情時會不顧形象地仰頭大笑，分享故事時也總是像個孩子一樣表情豐富，我想我就是這樣在不知不覺中被她的簡單爽朗所吸引。

「想聽個瘋狂的故事嗎？我在半年前結婚，新郎是我分手三年沒有聯絡的前男朋友。」她啜飲了一口酒，將故事緩緩道來，她大學畢業後飛往西班牙，而當時的男朋友本來要一起來，但還沒等到團聚，蘇移情別戀上了西班牙男子，兩人分手後不再有聯繫。

「那妳為什麼回來呢？」我問。

「我想旅行最棒的事，就是當妳見過許多人，經歷過許多事，會明白什麼對妳來說是最重要的。」

「這些年後我發現家人是最重要的，所以我辭

掉了在西班牙當空姐的工作，決定回家。」

「朋友都覺得我瘋了，但是我不在乎別人怎麼想。」

「每個人都有不同的價值觀和不同的見解，但，妳必須要了解自己。」

「如果連自己都不知道自己想要什麼，怎麼辦？就去旅行吧，去陌生的地方生活一陣子，花時間傾聽自己的聲音，會有意想不到的收穫。」蘇莉文說著。

「後來我回到匈牙利，我想起前男友，我想，在徹底忘記這個人之前，或許該打個電話給他。」

「然後呢？然後呢？」我忍不住咬下唇，期待故事的發展。

「我們見了幾次面，然後發現，我們想要在一起，共度餘生。」

後來我時常跟朋友們分享這個浪漫故事，每一次講起，我就又回到那個冬季裡，和蘇一起搭上電影《愛在黎明破曉時》的那班火車，沒有驚濤駭浪的冒險，只有極具靈魂與情感的對白。

他們因為工作而來到松柏特海伊，這個平靜的小鎮，我過了很久才知道，原來Szombat是星期天的意思。她說，他們現在住在小公寓裡，市中心外圍，二戰後人口增加，由俄羅斯快速新建而成的，方方醜醜的那種公寓。雖然暫時沒辦法養狗，但沒關係，先待一陣子吧，如果覺得很喜歡這裡，就再找大一點的房子，如果覺得不適合，兩個人再一起想想要去哪裡。蘇充滿活力但語氣輕柔，我不禁聽得出了神，每當她用到「我們」這個詞的時候，我的心臟就微微顫抖一下，想像著兩人攜手共畫未來的藍圖，想像從今以後的生命不論天涯海角都有另一半陪伴，大概是每個人心中都懷抱著的小小期待吧？

我們走在寒冷的街道上，蘇的腳步輕盈，用

一條薄薄的絲巾圍住脖子與下巴間的空隙。她提到婚禮，有太多人花了太多心思與金錢去佈置一場華麗的結婚典禮，她說她不要鑽戒，也不要長禮服，她說有最愛的人在身邊、和心愛的家人、朋友齊聚一堂，吃頓晚餐就是最幸福的見證了。

「我其實很感謝分開的三年，如果沒有那段時光，我們不會再次相遇。」

「這三年來我待了西班牙、俄羅斯、捷克，他騎腳踏車環歐，登上阿爾卑斯山。」

「你們夫妻倆都很有冒險精神呢。」我說。

「是啊，但現在呀，只想要兩個人平平凡凡地在一起就心滿意足了。」

最後一次見面時，她拿著老舊的手機對我說，如果有空就寫 Email 給她吧，現代科技的快速讓她不太能適應。離開匈牙利後，我曾坐在樓梯間打一封長長的信給蘇，字裡行間，總會想起她在餐廳拿下毛帽，一頭微捲的咖啡色長髮與自信的笑容，我想她不用化妝都可以輕易讓全校的男老師為她傾心，而她那雙淺棕色的美麗雙眼，閃爍著對青春回憶的緬懷，以及對未來的信仰與堅定。

我好像突然明白了，所謂幸福，就是能夠成為自己想成為的那種人；然而幸運，是在朝著夢想瘋狂奔跑之後，遇見一個人懂你的滄海，與你簡簡單單，相依白首。

松柏特海伊　溫暖的冬季

「我做了布朗尼給妳。」妮可有些靦腆的笑著站在我的房門外，從我們成為朋友的第一天就是這麼貼心可愛。不該讓妳來陪我收拾行李的，這到底有什麼意義，我根本就不想告訴妳，我要走了，「應該餓了吧！我早上買了麵包，冰箱裡還有果汁喔。」試著講一些稀鬆平常的話，仍無法忽視妳很難過但努力假裝沒事的表情，忍不住從鼻頭到眉心都好酸好酸，彷彿是這些日子濃縮成一顆安眠藥，讓我睡了一覺醒來恍恍惚惚地感到身體有些疼痛。

妮可是學校裡主修英文班裡唯一住宿舍的學生，她才十四歲，我們時常在課餘時間待在一起，同時她也兼任我與其他學生之間的小翻譯。她拿著布朗尼來的那晚告訴我——

「我的同學都好羨慕我住宿舍，可以常常跟妳在一起。」

「上個週末我一回到家就站在門口大叫，天啊！學校來了一個台灣女生。」

有一天下雪了，我興沖沖拉著妮可去堆雪人，她說我們必須再等等，等積雪夠厚才可以，我坐立難安地趴在窗邊，每兩分鐘就問一次：「可以去堆雪人了嗎？」我像個迫不及待的孩子，她才是那個二十歲的姊姊。耐心等待後我們成功用雪創造了新朋友，取名叫山姆。然後我們向宿舍裡的幾位女孩下戰帖，在雪地裡放肆尖叫、大笑、奔跑、跌倒，打了一場扎扎實實的雪仗。天氣很快轉好，山姆隔天就融化了，我開玩笑到處跟人說那可憐的朋友只活一天就長辭人間。我知道，即使如此，山姆的笑臉和女孩們的純真，都已在嬉鬧聲繚繞的那霎中永生。

每逢週五學生們就會離開宿舍回家，直到星期日下午才回來，代表整棟建築物將會剩下我一個人，在松柏特海伊的第一個週末，還沒來得及計劃出遊，瑪麗老師堅持不放心我獨自留在學校。「不管是不是我多慮，但保證你的安全是最重要的事。」

下課後，艾利卡女士帶我到不遠處的大學宿舍，四周什麼都沒有，只有一間正對著大門的餐廳亮著昏黃的燈光，我開始有些不安。

我試著告訴艾莉卡我需要網路來準備下星期的課程，艾利卡打了幾通電話，我為我們無法溝通感到有些苦惱，又因為太早起床而非常疲憊，昏昏沈沈中，瑪麗老師提著大包小包出現在房間，她氣喘喘地卸下手中雜物，攤開一張寫著 Wifi 密碼的字條，同時一一介紹她為我帶來的食物，有水果、優格、剛做好還熱熱的雞肉卷。瑪麗老師雙手握著我的肩膀說：「Mika，妳不需要擔心任何事。」

艾利卡女士每天中午都來學校接我去約兩個街口遠的學生餐廳吃午餐。我曾表示自己是個大人了可以自己走去，但經過連續三次轉錯方向而迷路之後，艾利卡還是每天都來。

她每次見到我都笑瞇瞇地給我一個擁抱，走出戶外的時候用匈牙利文問我，怎麼沒有戴手套？毛帽呢？穿這樣夠暖嗎？會不會冷？那天氣溫零下三度，沒有飄雪，寒風蕭瑟得刮痛臉頰，我跟在艾利卡身後，她的背影映成我瞳孔中的珍珠，我總是不知道該怎麼辦，這些人對我這麼好，幾乎飽滿到生命無法承受。

「妳終於回來了，大家都在問妳去哪了。」妮可在我身邊轉啊轉地說：「我每天都要回答：『布達佩斯。』大概三十遍！」

某個週末我在布達佩斯紫醉金迷地旋轉，和卡洛斯一起拿著啤酒散步。「這麼美的城市，妳多留幾天吧。」多瑙河倒映著輝煌的宮殿，首都的浪漫氛圍彌漫，二十四小時都有人醒著，情侶在路邊擁吻，街道熱鬧卻不吵雜。手機滋滋震動了兩聲，有幾封學生和老師傳來的訊息——

「嘿，上次聊到匈牙利傳統食物，我做了一些蛋糕給妳。」

「Mika，妳在城裡嗎？要不要跟我們一起去喝咖啡？」

「聽說妳去布達佩斯了，好好玩，回來的時候跟我說一聲，我去車站接妳。」

「下個禮拜來我們家吃飯吧。」

沿著河岸走，我把臉埋進圍巾裡，忍不住漾起淺淺的笑意，喝完了手中的啤酒，轉頭對他說：「必須得回去，有人在等著我呢。」

心像被一條毛茸茸棉被的溫柔裹著，像有人握起妳冰冷的雙手呵呵氣。

那年冬天匈牙利西邊寧靜的小鎮來了一個亞洲女生，她被安排住在學校宿舍裡最寬敞舒適的房間裡，她什麼都不太清楚，憑著股傻勁就隻身飛了千萬里。然而這些非親非故的人們是多麼真心對待這個遙遠國度而來的女孩，那種最純粹的信任和人與人之間的善良單純，像一團雪球被溫柔地揉進心臟，然後感受到強烈的暖意灼熱幾乎融化滿地冬雪，在心中靜靜綻放著含蓄的小白花。

我將馬桶刷過一遍、把垃圾袋綁好、洗手台的水漬也擦乾淨了，摺好棉被和枕頭，歪歪扭扭用匈牙利文寫下「謝謝照顧」，彷彿這是我唯一能做的。無數感動得不知所措的時刻，總要很努力才能不落淚，說再見從來都不是件容易的事，該怎麼拖著行李箱穿過學校長廊呢？帶著沈甸甸的回憶，知道此生從今以後聞到冷鋒的味道就會憶起這個溫暖的冬季。可以的話，真希望在半夜潛逃，希望沒有人意識到我的離去，就如沒有人預期過我的出現一樣。

PAKISTAN

巴基斯坦　時光的碎片

我覺得人的脆弱和堅強都超乎自己的想像。
有時候可能脆弱得一句話就淚流滿面；
有時，也發現自己咬著牙走了很長的路。

拉合爾　拉合爾古城

蜿蜒而擁擠的巷弄裡，行人與來往的摩托車彼此擦肩，車輛時而從身後緊貼逼迫，時而迎面而來，沒有規矩就是這裡的交通規矩，號誌燈和地上的白線黃線都如虛設，人們駕著轎車、機車、驢車、時而看見犛牛與雞群，誰也不肯讓路地在街上穿梭著，彷彿有一套生存法典握在他們手中，各自自求多福。

越接近古城，四周的街景也褪色般的老去。那是個陰天的星期日，十足幸運的灰色，是我第一次望著多雲的天空而感到慶幸，因為這裡晴朗的熱氣實在令人不敢領教。在橋上繞了好幾圈，辛亞駕著車來回尋找停車位，他說他從南部的城市搬來拉合爾五年才學會了「拉合爾人開車」，那種瘋狂又不按牌理出牌的駕駛方式。

碉堡的入口前有個塵土飛揚的廣場，施工中，不知道多久的未來會成為一個公園，然而人們已經在裡面建起自己的遊樂園，父母帶著孩子野餐，男孩們用石塊做出區隔，自成一群打著板球，賣爆米花的攤販，零食與冰淇淋，猶如慶典的園遊會般熱鬧著週末。廣場中間有座約五樓高的塔，在晚上也會點起不同顏色的燈光，只是在幾個人從那跳下來自殺後，政府就關閉了燈塔參觀的通道。

辛亞對碉堡的藝術與歷史瞭如指掌，他熱愛

著宗教歷史與哲學，曾經有兩年的時間都在這裡做研究。他說以前總是把車直接停到離碉堡最近的停車場，大概今天是假日，別無選擇只能把車停在堡壘最外圍的公用停車場。

「在今天之前，我從來沒離拉合爾塔這麼近過。」

「也從來沒走過這個公園。」他說。

熙攘之間，難得的草地圍起了籬笆，我注意到有位老人家腰背直挺地孤坐板凳上，不卑微也不吆喝，猶如一層薄薄的膜將他籠罩在被遺忘了角落裡，身旁放著一塊牌子寫「量體重，五塊錢」。

我覺得新奇不已，誰會花五塊錢去量體重？

「妳注意到了嗎？他的眼睛看不見。」

「不過他試著做一些事情，而非只是呆坐著乞討。」

我突然感到心臟的低沈，忍不住在往前走的同時頻頻回頭，如果真的沒有人願意花五塊錢量體重呢？如果家裡有孩子盼不到一天的溫飽……五塊巴幣換算起來還不到兩塊台幣，我不想量體重，但決定不讓老伯空手而歸。

「妳都給錢了就量一下吧。」辛亞總是微微瞇著眼講話，看起來像總是在笑。

我把十塊錢放入老伯的掌心，也站上了他面前那斑駁的白色方塊。他彎下腰，粗糙的手蹣跚地觸碰體重計的指針上方的凸起點，告訴我數字。其實我自己一眼就看到了，他肯定知道吧，但他認真完成那自己給自己的工作。

同時我正要回頭講話時卻被嚇到了，不過剎那的時間，周圍已由不知道從哪裡冒出來的人們圍起湊熱鬧的人牆，超過十個人直直盯著我量體重，愣愣凝視著猶如在看球賽或是什麼天大的事情，我手足無措地站著，尷尬又好笑。

走過漫天的沙塵，我的白布鞋已染成土壤的顏色，相機裡也卡了沙。碉堡的左邊是古時大象的入口，一層一層巨大階梯像巨人築起的建築，踩在上面只顯得自己渺小如蟻。碉堡裡頭也熱鬧著，形形色色當地的男女與家庭。瑞希米曾告誡我，女性在公共場合露出笑容是不適當的。所以在沒有講話的時候我盡量收起笑臉，時時注意著自己的臉部表情，但仍常常忍不住，每當我意識到不小心笑得太開心了，便又立刻放下嘴角，睜直雙眸，擺出一副嚴肅且難以親近的表情。

巴德夏希清真寺坐落在碉堡對面，我們徒步抵達，越是靠近越是被它磚紅色的氣勢震懾。它曾是巴基斯坦最大的清真寺，我坐在那中央透澈的水池旁，望著虔誠的信徒們禱告，剛好是每天五次裡的第三次，煙囪似高聳的宣禮塔傳來喚拜聲。

「妳聽見喚拜聲時有什麼感覺？」已經結束禱告的辛亞問到。

「我感覺平靜。」我說。

已經很不一樣了，第一次在開羅聽見清真寺傳來的喚拜聲，穿透大街小巷，那時的我只覺得被打擾，然而一路走來，試著去瞭解各個宗教背後真正的意涵與典故，接受了一份很單純信念以及的對世界萬物的感激，我在喚拜聲裡，彷彿聽見草原，聽見心中的理性與純潔。

「已經很不一樣了。」我圍著頭巾，仍然坐在水池旁。在伊斯蘭國家，人們對宗教的歸屬感

是我這樣浮動的異教徒親自到訪前無法想像的，在遜尼派佔多數的巴基斯坦，辛亞帶著銅製的手環代表著什葉派，如果看到屋頂上插著的旗子也是什葉派，他笑說他們喜歡用一些外物來做出區別。

「那些恐怖份子宣稱他們是伊斯蘭教，願意為聖戰而死，但那只不過是邪惡的幌子，讓世界陷入混亂與恐懼的人們心中是沒有上帝的。」

「世界有太多荒謬與誤會。」我們望著眼前巨大的白色圓頂，沈沈的，靜止不動的畫面彷彿時間與流水都凝結。

「我可以在這坐上一整天，和自己對話以及觀察人們的來往。」我說。

「對我而言旅行就是這樣不疾不徐。」

「因為體驗是不夠的，要去體會，生命才對你有意義。」

夜幕在最後的喚拜聲中降臨，辛亞領著我到附近的餐廳用餐，席地而坐的頂樓正面對城市最豪華的街區，說街區嗎，其實是一條五分鐘就能走完的食物街。只有這條路的燈是金色的，其他所能看到的路燈都在夜裡閃耀著銀飾般的亮白色，我從飛機上見識過，一閃一閃著光點，看起來像滿天的星晨落在草地上。只是整個國家的電力供不應求，政府一天會切斷電源五、六次，每次一個小時，大部份中產階級以上的家庭都有備用電力措施，然而佔最大多數的貧窮人戶們，在斷電的時光裡便完全地失去水與照明。

說到這，彷彿聽到空氣中「喀」的一聲，城市的光像被奪去的衣裳，從屋頂望出去，只剩下華麗的食物街亮著，沒有燈的巴德夏希清真寺成為一片伸手不見五指的空地。蜿蜒擁擠的巷弄裡，黑暗像巨大的真空袋籠罩著拉合爾古城，混合著沙與塵粒，搖搖晃晃地在我眼眶裡載浮載沈。

HONDA

拉合爾　遺忘愛的感覺吧

「在巴基斯坦，談戀愛往往是一條注定心碎的路。」瑞希米一雙炯炯大眼直直盯著前方，她是我認識最聰明幹練的女孩，強勢而直爽。穿梭在鮮少見到女人身影的街道，她每天自己開車上下班，雙手握著方向盤的神情像一輛沒得商量的坦克車。瑞希米即將在九月舉辦結婚典禮。

我們在晚上十點穿過整座城市，只為了來到這欣賞卡瓦利（Qawwali），巴基斯坦Punjab省份特有的音樂，表演者張著嗓子將聲音層層往上疊，融在木鼓與特殊風琴伴著的節奏裡，有如魔咒的黑洞般深深吸引著，令人忍不住想伸手一探那神秘的面紗。

遺忘愛的感覺吧，瑞希米替我翻譯歌詞，她說這首歌非常古老，也非常有名，特別是以前的時代，戀人們受到的困難與阻擾太多，所以心碎的人們就坐在一起，一起唱這首歌。

遺忘那顆愛的心吧
遺忘愛的感覺吧
一旦踏上愛的旅途
你將遭受與我同樣沈痛的悲傷與碎裂
遺忘愛的感覺吧

瑞希米輕描淡寫地提起，與前男友交往數年的戀情也是因為家庭反對而宣告結束。她面無表情地說：「我知道這輩子不會再有比他更愛我的男人。」

「但是父母的扶養造就了我，一旦我放棄家人奔向他，這段感情將會變得不平衡。在我們國家，兩個人結婚不是你高興就好，你愛誰就可以跟誰在一起，其中有太多複雜的因素，家庭背景、家族成員、信仰、教派……」

依稀記得辛亞說過伊斯蘭教徒不跟多神教徒通婚。「那如果他愛上一個印度教徒怎麼辦？」我問。

他只回答：「那就悲劇了。（That' s sad.）」

遺忘那顆愛的心吧。

遺忘愛的感覺吧。

瑞希米在我身旁哼唱著。卡瓦利高昂的曲調撼動著夜色，吊燈也隨之搖晃似的微微顫抖，原來在這片土地上，多的不是危險和炸彈，而是一顆顆無法繼續相愛而碎了滿地的心。

拉合爾 我們都一樣

辛亞請我到拉合爾當地學校和同學們分享我的家鄉與旅行的故事，我二話不說就答應了。

「大家都很期待妳的到來。希望妳能夠鼓舞學生們想走出去看世界，告訴他們旅行給妳的啟發。」

我們在輕鬆愉快的氛圍裡分享著一個女生旅行的趣事和挑戰。

「我發現巴基斯坦人喜歡把食物的味道混在一起，例如Chatt，在點餐之前朋友告訴我，這道餐點是鹹的，有點甜又有點辣。我聽得一頭霧水，就連冰棒Kulfi，以牛奶為基底，上面有堅果，第一口吃下去是甜的，仔細吃卻發現竟然是鹹的，因為加了各種香料。」

我津津樂道著，教室裡轟笑成一團。

然而在介紹到台灣文化、八家將、原住名慶典與繁體字藝術時，學生們望著簡報上的照片神情專注，我們像攜手一起走過了一場穿越時光與空間的旅行。

「可能有人會說在臉上畫畫好奇怪，穿那些衣服好奇怪，但是當我們試著去了解背後的故

事和原因，便不會隨便去評斷別人了。」辛亞說著。

「你覺得巴基斯坦人和台灣人有什麼共通點嗎？」小女孩滾著黑溜溜的深邃大眼問到。

我們之間有什麼共通點？好像一直以來都在談論文化差異，從來沒有思考過我們之間有什麼相似之處，這個問題在空氣中轉啊轉，彷彿快速讀取過所有記憶再環繞了地球一圈後，才回頭跳進我腦海裡。

「我們都一樣。」

這句話猶如從湖裡浮起般飄飄盪盪。

「我們都一樣，我們都一樣快樂時會笑，受傷時會痛。」

「世界有太多雜訊要去分化你我他，但不分宗教，不論政治立場與種族膚色，我們都只是血肉之軀，仰賴一口微薄的氣在活著，敵不

過一顆炸彈、一枚子彈。世間的名利富貴終究煙消雲散，當我們能夠放下仇恨與對立，到頭來，應該說根本而言，我們都只是渴望愛與被愛的人類。」

語畢，一個個十四、五歲的學生們陷入沈思的表情並微微點著頭。以前從來沒有想過這個問題，但在這一瞬間我心中感到安慰不已，彷彿找到了解答也得到救贖似的。如果能夠明白自己的渺小，學會寬容與理解，世界會是充滿愛的，也許邁向和平的那天還需要不放棄的貢獻與努力，幸好，那是幾乎落淚般的感激與慶幸，我們已經走在路上了。

休息時間，學生拿到一份問卷，裡面的題目大概是——

「你願意跟不同國家的人做朋友嗎？」

「如果班上一位印度學生被別的同學欺負，你會怎麼做？」

「你願意嘗試從來沒見過的食物嗎？」

……等等，整整三頁的回饋表。

我問辛亞：「如果小朋友說，我要和別人一起揍爆那個被欺負的同學！怎麼辦？」

「今天主要分享文化，有另外一堂課是接納與關懷，我們會期待在那一堂課後，學生會有不同的回答。」

他講話的語調總是斯文而柔和，圓框眼鏡下的雙眸閃著炯炯的智慧。這是如此重要並且意義重大的事，透過教育去讓我們的孩子思考人與人之間的連結與差異，學會愛與包容；讓社會充滿好奇心，而不是充斥的偏見與歧視，因為我們都一樣，是渴望愛與被愛的人類。

伊斯蘭瑪堡　如果有種東西無止盡

我望向窗外一整片油綠的山丘，樹叢低矮而親切，圓滑的山稜線出奇可愛，平靜得令人忘了自己在哪，我看得出了神，直到陽光逼得我不得不再度拉上簾子。來到巴基斯坦的第七天，付了一千塊盧比，背著快要比自己還要大的後背包，跳上前往伊斯蘭瑪堡的巴士，若不是隔壁座位的女士穿著傳統服飾與頭巾；若不是司機播放著陌生語言的廣播，恍恍惚惚，閉上眼還以為一覺醒來會抵達高雄。

這座首都年輕得不得了，在一九四七年巴基斯坦獨立後，又過了十幾年才被建立，取代南方大城卡拉奇。伊斯蘭瑪堡四周環繞著山水畫般的瑪卡拉丘陵，到處都有樹木盎然的公園，身為國家門面，城裡的道路嶄新、寬敞又安靜，那些大型巴士、卡車、三輪車與驢子都被禁止入城，政治家與有錢的人們居住在這裡享受寧靜生活。

我搬進主要道路旁的龐然大物裡，「胡達達公寓」，水泥顏色，原是兩棟相連，但建商發現出售效果不如預期，於是站在陽台便可以看見對面的鄰居是一方一方不被裡會的擱置品，像一幢一幢靈魂的空洞。就連電梯旁都還突出著赤裸裸的鋼筋，時刻提醒，你住在一個尚未被完成、也或許永遠不會被完成的建築物裡。

「像這樣的公寓通常被拿來開派對。」夏米指著路邊整排房子說，同時，他打電話買了啤酒。「酒精買賣是違法的，但妳會非常驚訝這裡有多少飲酒人口。」他說。

他將車停在巷子裡，所謂有需求就有供應，不久後一台轎車從反方向開來，夏米從窗戶遞出鈔票，對方則從車窗塞進一個裝滿了鋁罐而沈重的紙袋，一句話也沒說便迅速離開那個毫不起眼的街弄。原來在這樣的穆斯林國家，買啤酒跟做毒品交易的形式沒兩樣。然而當地的毒品問題也相當猖獗，藥源主要來自阿富汗，價格便宜，取得容易，導致許許多多年輕男子深陷其中。我們與夏米的朋友會合，另一間公寓裡，談笑間繚繞著中東煙草Hashishi。城裡沒有任何酒吧或是娛樂場所，但檯面下的私人派對是無時無刻地進行著，包括胡達達公寓，每個深夜總是伴著鄰居重低音的節奏笙歌到天明。

伊斯蘭瑪堡被打造成一個現代而美麗的城市，在瑪卡拉丘陵的山腳有一座小村莊，大部份城裡的勞工階級都住在那裡，然而村莊中央座落著吃一餐可以花掉他們一個月薪水的高級餐廳，傍著那依山而懷舊的祥和景緻，停車場總是人滿為患，川流不息的用餐人客在精緻的燈光下大快朵頤，一旁那成群平房寧靜而簡陋。兩位挺拔的紳士點了太多食物，沒有吃完也沒有打包帶走。夜已經深了，一位捲曲著背脊的婦人在停車場乞討，拉著木製的推車，上面有一坨厚厚的東西，隨著推車移動晃啊晃地；瞇著眼，在昏暗路燈下迷迷糊糊看見兩、三個熟睡的孩子，裹著毯子躺在木製推車上。那一刻，猶如一顆

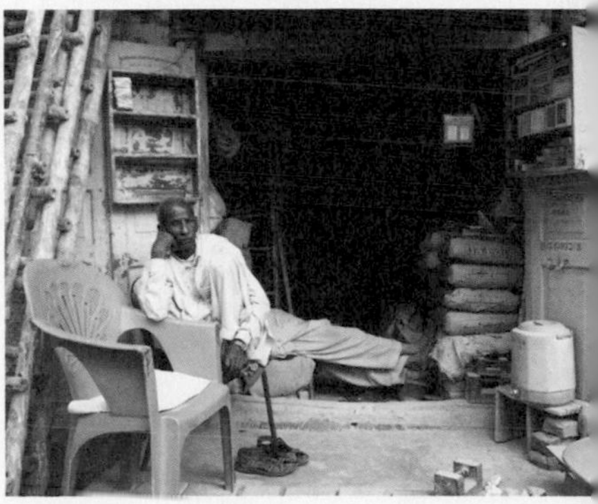

小石子敲進了我的心臟裡，噗通，噗通。

有天夏米帶著我到平尼，嘗試道地的巴國小吃，平尼的交通擁擠不堪，道路狹窄，三輪車四處穿梭，街道髒亂喧嘩，然而它與伊斯蘭瑪堡只有一橋之隔，二十分鐘的車程，截然不同的世界。而我卻在四起的喇叭聲裡感到一股踏實，它訴說著人民日常的生活，它提醒我自己在哪裡。

小販送來薩莫薩，那是三角形炸物，中間有馬鈴薯製成的餡料，搭配甜甜辣辣的醬料與豆子，我們坐在車裡享用。擋風玻璃正前方，有一位男子拿著塑膠湯匙在類似餐車的平台上，似乎在攪拌什麼食物，我以為他在街上賣炒飯，仔細一看才發現，那根本不是餐車而是一個大垃圾桶，上頭堆成山的飯粒是斜對面那間知名餐廳的廚餘。

來到巴基斯坦的第十三天，見過知識淵博的醫生、律師、天賦異稟的音樂家、攝影師、在紅燈時敲車窗販賣玫瑰花或玩具的年輕孩童、嗜酒的少年、持槍的軍人、乞討的婦女、亂喊價的計程車司機、在公園野餐的家庭、在垃圾桶找食物的男子……一張一張臉孔滾成雪球，砸得我一顆腦袋又冰又疼。

我在傍晚時分回到胡達達公寓，遇上了例行斷電，每四個小時一次，每次一個小時，這政策實行了十多年。電梯不能用，我只好走樓梯上十一樓。心裡的小石子隨著踏在階梯上的腳步不斷下沈，在心臟弄破了一個洞，掉進肺裡，穿出好幾個胃孔，淌流到肌肉組織裡掙扎著。夕陽直直曝進拱門般的走廊，像有人在水泥牆上打翻了顏料罐，我屏息著，沈重感將我壓成滿地碎片，散落在很深很深的橘色裡……

formal & Semi formal Dresses
Style
360

麻里　最寂寞的時候

MERREE

「司機先生你好，我要去巴士站。」

身為外國人最容易被當肥羊宰，這個道理在世界各地都通用。記得在曼谷下著大雨的街上，沿路攔了數十輛，卻招不到一台願意跳表的計程車，現在，在巴基斯坦面對的司機連里程表都沒有，我已經試圖從當地朋友那裡打聽距離裡該給的適當價錢，過程仍然千辛萬苦。

「四百盧比。」我說。

已經比當地人價錢多了一百。同一段到巴士站的路，第一次自己搭計程車時傻傻給了一千盧比，也不是被騙，我忘了先講好價錢便上車，司機獅子大開口要求一千元車費，我說不，六百，他從後照鏡望著我，說著吱吱嗚嗚的英文：「這台車很好。有冷氣。」有冷氣所以比較貴。我一向心軟，想到這段路程也不算短，日頭赤焰焰，掙錢養家不容易，換算下來也不過是多給他一百塊台幣，如果有一點點能力去給予，又何必吝嗇呢，唉，便不再與他爭論。

這一直是我心頭上的悶痛，就像每每看見乞討的老弱婦孺，該不該給錢？給多少？旅行中的我預算拮据，手頭雖不算緊縮但也不寬裕。

「有些乞丐每個月靠乞討得到的錢都比認真工作的勞工還多。」賈說。他認為靠人的善意不勞而獲是不對的，並且對認真工作的人是不公平的，所以他從來不施捨給路邊的乞討者。

有幾次我也撇過頭，那種假裝視而不見的感覺著實難受。又有一次我在下車時，很迅速從包裡掏了幾塊零錢出來給那個伸手的孩子，回頭竟撇見他望著硬幣失望的神情，那一瞬間像場大雨將我徹頭徹尾淋濕。然而同樣的劇場在街角不斷重複上演，我每天都捧著一顆濕透的心不知所措。

「我剛從英國回來巴基斯坦的時候，也總是為這種情況感到難過。」

「聽起來有點可悲，但是久了就習慣了。」

對耶，竟然漸漸就麻木了……賈握著方向盤喃喃自語。

城裡不到一年前才蓋了嶄新的捷運線，其實是有專用車道的紅色大巴士，直通伊斯蘭馬巴德與平尼，每個站都蓋得又大又明亮，玻璃牆的透明設計讓空間感更加寬敞，幾乎要瞇著眼細察才能看見等候中相形渺小的乘客。

「上車吧。」計程車司機先生說。

一個人旅行有太多要獨自堅強的時刻，特別是在保守的穆斯林國家，街上幾乎看不到單獨的女性身影。他先是開去加油站，又下車向人問路，左蹭右蹭得我直感緊張，因為前往山城麻里的巴士在上午十點發車，如果錯過巴士，我這趟計程車也白坐了。

「可以開快一點嗎？我趕時間。」我說，並且指著手錶，手舞足蹈地告訴他這件事的重要性。

「OK！OK！」他從後照鏡看我。「燒人，

OK！」

我懷疑他在說什麼，原來是要一千元（Thousand）。不能妥協，我告訴自己，人們賺自己應得的錢，而不是敲詐。

「不，四百。」我回應，看著時間越來越緊迫，我有些急了起來。「麻煩你開快點了。」

他像個孩子般開始討價還價：「一千元，OK！四百，不OK！」

「夠了喔，巴基斯坦人都很好，你不要鬧了。」

他並沒有依照我的要求開快車，但至少也沒有任性得突然停在路邊，我已暗自慶幸。

「小姐，我想要五千才夠。」九點五十分，我懶得回話，偷偷翻了白眼。這條主要幹道上充滿了裝飾花俏的大卡車，大量的橘紅色與鈴鐺叮叮作響，馬路上沒有熟悉的分道線，駕駛們並不是排著直線向前，沒有人會在轉彎時打方向燈，各種大小車輛穿梭其中。終於等到進入巴士站那個右轉，九點五十七分。

「不、不、不，一千元！」他停了車仍然不死心。

「這是五百元鈔票，你到底要不要拿？」我趕時間。

買了車票奔跑上巴士，腦袋轟隆轟隆作響。看著窗外景色的移動猶如時光不斷在倒退，我掉進睡夢中又忽然醒來，想起自從到了巴基斯坦，不管多晚睡，每天一大清早都會莫名的自然醒，不知道淺意識裡在想什麼，而我總是選擇閉上眼再往夢裡跳一次。

我不知道麻里山城有什麼，不知道下了巴士

該往哪走，只是看著層巒起伏的山稜與村莊，看出了神。放眼望去那鬱鬱蒼蒼的春天如橘色與灰色疊成的幻影，在陽光裡呼吸著，膨脹、又縮小……我穿著全身黑色，灰花藤的絲巾將亞麻色頭髮緊緊包裹著，為了掩人俺目，在離開城市之外不要引人注目。但效果似乎不如預期，在巴國每個女孩的共同困擾就是走在路上，男人們的眼光總是狠狠又輕飄飄地盯在妳身上，盯得妳尷尬不安、盯得妳不知所措只想逃跑。所以不論大街小巷，幾乎看不到獨行的婦女人家，女人們不是跟著身旁的男人，就是群體行動。

而我一個人，從來沒想過竟需要花好幾加侖的力氣去面對那一雙雙陌生眼睛的打量與觀察。他們從街口看著你直到你消失在下一個轉角，他們表情沒有任何情緒，看起來沒有惡意，但視線卻像鬼針草般，不叫人痛卻叫人無法忽視它的存在。

轉進斜坡上的一家餐廳，已經漫無目的地走得好累，服務生將我帶到簾子後，女性專用的用餐區。我拿著銀湯匙輕輕撥弄橘黃色的米飯與雞肉，喝了一整罐可樂，從收銀員口中打聽到附近有高空纜車，好，就決定去那了。

沿著山坡繼續往上走，窄巷的兩旁滿滿都是琳瑯滿目的商店，兜售著花花綠綠的廉價商品，畫面豐富卻不吸引人佇足。

「妳需要幫忙嗎？」我拿著手機正在試著找人問路，一位身形矮胖的婦人向我開口。

原來她與身旁那位約是她身高兩倍高的先生上週剛結婚，這是她第一次來到麻里，而他們也正在走去搭纜車的路上。附近有間軍事學校，外面寫著大大的牌子「LOVE PAKISTAN」以及「Pround of Being Pakistani」，巴國軍人可是一份強悍且莊嚴的職業，多虧瑞希爾夏扶將軍（Raheel Sharif）在三年前上位後全面掃蕩恐怖組織在境內的基地，斬草除根，稍微討回巴基斯坦的和平秩序。

高空纜車上掛著的不是車廂，而是盪鞦韆般的鐵椅，我雙腳騰空，晃呀晃地有些害怕，因為當天早上才被困在突然故障的電梯裡。只能說一個人旅行有太多需要獨自堅強的時刻，也不知道從什麼時候開始，可以在停電時獨自拿著手電筒走在黑暗裡不害怕，即使害怕也不會停下腳步哭泣；面對變幻莫測的每一天，學會往前思考，不再抱怨與責怪，因為也沒有人可以責怪，每個決定都是自己的選擇；驀然回首，哭過笑過的雙眼炯如鑽石般堅毅閃亮，鏡子裡的那個自己，已經不再是那個看到蟑螂會尖叫的小女孩了。

單程纜車約十五分鐘，高度實在不高，風景秀麗而平凡。到了終點站是一片荒蕪與一間簡陋的飲品小站，令人摸不清頭緒這段纜車的意義。

那對夫妻買了一罐柳橙汁給我，兩三隻蜜蜂在附近縈繞，直到牠們從瓶口一頭攢了進去，我便不再伸手觸碰那上面有藍色泡泡圖案的鋁罐。新婚太太才二十二歲，幾乎跟我同年，看上去卻成熟許多。有人可以聊聊天很好，此刻我卻想跟他們說再見。

我獨自搭上回程纜車，走到有

家庭在野餐的草地上，聽見後面有幾個男子在叫我，大概是想跟我拍照，但此刻我只想一屁股坐在大自然中央放空，所以假裝聽不見、假裝聽不到。

「Money, money.」使用完草原旁一處髒亂不堪的廁所，不知道從哪冒出來的老婦人駝著背，跟在我身後要求我付錢。但我卻不懂她到底想幹嘛，幾個年輕人嘻笑著，用英文對我說她要二十塊盧比，我不想被騙，又不知該如何脫身，於是翻了翻錢包只找到十塊零錢。老太太拿了便心滿意足地離開，同時那群年輕人仰頭大笑。我搞不清楚狀況，寂寞與莫名的羞辱感高漲，淚水溢滿眼眶，好險情緒都藏在墨鏡後面，我頭也不回地走掉。

在天黑之前離開吧，回伊斯蘭瑪堡，我卻找不到巴士站的售票亭。

「請問你知道在哪裡買票嗎？」一我手腳並用地比劃著，隨便問了路旁一位穿著傳統白袍的男人。他揮手叫我跟他走，我露出燦爛的笑容，太好了，遇到一個很好的人。

繞過了好幾個巷子與彎道後順利買到票，他問我要不要喝茶。來到巴基斯坦的日子裡，大家常常開玩笑說巴基斯

坦人以茶為生，我也過著這樣的生活，一天至少會喝三杯以上的奶茶。

看了看手錶還有離巴士的時間三十分鐘，就不要拒絕別人的好意了吧。於是我開心得點點頭，隨著白袍先生走進一家餐館，一樣是女士專用的簾子後方，只是這間餐廳的隔間特別小，白色燈光像死氣沈沈的醫院，我開始感到不太自在，試著想跟他聊天，卻完全聽不懂對方在講什麼。

我沒有放棄嘗試，用手比著你（指），在這裡（指地上），工作嗎？他只顧衝著我笑，越笑得我心裡發麻。我移開了視線，他卻突然從對面坐到我旁邊來，他摸我的手，這是什麼戲碼？他的笑容變得詭異無比，眼睛瞇瞇的，像在路上撿到寶藏決定偷偷藏起來的奸笑。我把自己往旁邊挪了一些，試著在我們之間多空出一些距離以策安全，突然他嘟起嘴。

「親一個，親一個。」他表情猥瑣。

沒有害怕，沒有驚恐，我只覺得腦壓瞬間飆高，整個頭脹脹的，彷彿誰再多說一句話我就會從體內自爆，炸成血肉模糊的塊狀物又爛又軟地黏在牆壁上。

我要走了，我面無表情地說。沒有看白袍先生是否一臉錯愕，也不在乎四周的人如何臆測，在最後一絲力氣用完前離開現場，這已經是極限了。一個人旅行有太多需要獨自堅強的時刻，然而最寂寞的是，無論心中有多少委屈，在路上還是得繼續裝酷，假裝沒事，不能讓別人看出你是一隻軟弱的無殼蝸牛。

我走回巴士站，好想就這樣昏倒在路上。

「這裡旅客不多，但每位造訪過的旅人，都很難不愛上巴基斯坦。」哈曼說。

站在陽台，他手上香煙一閃一滅的紅色火光被風吹得搖搖欲墜。伊斯蘭瑪堡的夜色猶如死去般安靜，彷彿被罩上了很大的蓋子，與從媒體那聞見的烽火連天相去勝遠，我站在這裡，一切像場夢一樣。

漢森盤腿坐在地上彈著吉它，熄滅了最後一口煙。

「妳覺得我能成為一個音樂家嗎？」他最近剃光了鬍子，總被朋友嘲笑像顆馬鈴薯。

「當然，只要你不放棄。」

他是個如此甜蜜貼心的大男孩，總睜著圓圓的眼睛眨呀眨地笑。我承認自己融化在他的歌聲裡，很勉強才撐起骨頭，從胸腔發出聲音回話。

我們從夕陽唱到夜深。待在伊斯蘭馬堡的日子湊巧遇上

了一年一度的音樂節，連續三天，每個上台的樂團都來自巴國的不同地區，演奏各種風格的歌曲，從傳統樂器到搖滾電吉他都充滿靈魂。我們在草地上與大地同歡，我太喜歡巴基斯坦男孩跳舞的樣子，他們扭腰擺臀，伸長手臂，嘟著嘴上下抖動肩膀，那種全心投入音樂而不在乎世界末日的模樣，我簡直戀愛了。

突然正高昂的音樂停止了，原來是禱告的時間，當清真寺傳出喚拜聲，即使是巨星的演唱會也會中場暫停，以表示尊敬。輕鬆愉快的氛圍在空氣中飄揚，也沒注意到是什麼時候開始，舞台後的月圓已悄悄消失，散為遠方一陣一陣溫柔的銀色裂痕。

「妳看，從飽飽的滿月，到蜘蛛網般的閃電，今晚我們擁有了一切！」哈曼手舞足蹈。

雨點飄落在聚光燈裡像雪花般輕盈。我們在雨中跳舞，隨著卡瓦利的節奏將雙手舉在空中，有什麼好擔心的，雨水是上天給的禮物。雷聲越來越近，風勢隨著壓軸表演的重節拍開始狂掃，直到賣食物的攤販都被吹倒，雨勢傾盆，表演者不得不收起樂器停下了演奏，大家才開始往停車場跑，有如颱風過境般，只是狂風暴雨也澆不息熱情的火沿路繼續燒，我們全身都濕透了，出口的交通打結成一團，還有人在繼續唱著歌。好不容易躲回車上，像剛從池塘裡爬出來一樣，成了活生生的落湯雞。

「妳有想像過這樣的巴基斯坦嗎？」

「無關仇恨與戰爭，不過是和世界各地的人們一樣，喜歡音樂，喜歡聚在一起分享快樂。」

「我太喜歡伊斯蘭馬堡了，我一輩子都不想離開這裡。」

「但，能不能請妳幫我一個忙？」哈曼開著車，髮絲還滴著水。

想起在陽台，漢森說著他從英國讀完書後，毅然決然地回國，他說薪水與物質環境固然比不上，即使沒有那麼多聲光娛樂沒有派對，他仍想回來，希望能夠貢獻一己之力，為巴基斯坦做些改變。

「這是家呀。」漢森說。

雨漸漸停了，寬敞的道路上，漆黑而寧靜。

「妳離開之後，回家之後，拜託妳告訴大家，來巴基斯坦旅行吧。」

「請他們來看看這個我深愛的地方，看看它真正的面貌，跟外界想像的多麼不一樣。」

哈曼專注握著方向盤，一字一句像針線般穿進我的皮膚裡。從世界上評比出最幸福的國度，到世界上被認為最危險的角落，都有人辛苦與甜蜜交錯地在那生活著，都是家，都是某人心繫著的地方。

我一無所知踏上這片土地，現在每天穿著巴國的傳統服飾，與當地朋友們坐在露天座位喝茶閒話家常。巴基斯坦，這曾經陌生的四個字，成了我生命中的一部分，成了我從今以後提起都感到如此貼近心的距離而溫暖的遠方。

又停電了，我屏著呼吸，左腳挨著右腳在黑暗摸索著中走上十一樓，僵著脖子，讓視線保持筆直朝地，強迫腦袋完全空無，什麼都不要想，緊緊壓抑心中的不安，走快點就對了，走快點，我讓這三個字放大塞滿我的思考。七樓、八樓、九樓……我心算著，偶爾抬頭撇一眼斑駁的牆上，破舊的廣告單旁用粉筆字歪歪扭扭的寫著「八」，怎麼還在八樓？我可以聽見自己神經細胞的跳動，像一條一條綁得太緊的琴弦隨時都將狠狠地應聲斷裂。

勉強摸黑找到了鑰匙孔，簡陋的公寓裡有一房一廳，床墊與枕頭上全是牆壁或天花板掉下來的灰，廚房放了一大罐屋主私釀的白酒，地上斜躺著威士忌與伏特加的空瓶，浴室沒有熱水，沒有網路，此時此刻沒有電，但有個很大的陽台可以吹吹風，聽說右手邊那間套房以前住著兩個妓女。夜深了，我將自己套進睡袋裡，慶幸好險我有帶著這個總覺得佔空間的藍色睡袋，否則無法想像該怎麼在這樣的空間裡存活到天亮。即使夜深了，走道上仍時而有人經過的聲音，這令我感到更糟，男男女女的來往與交談，鄰居派對的音樂，連風吹動窗戶的聲音都打草驚蛇般讓我寒毛直豎。

我沒有食物，沒有冰箱，最近的商店要搭兩百塊盧比的計程車。為什麼還留在這，原先只打算在伊斯蘭馬堡停留三天，只是眼看往北方移動的計劃遲遲無法成行，待得越久，越發是對這棟公寓感到不安。窩在睡袋裡，望著手機發出唯一的亮光，剩下3%的電池，猶如最後的希望之火即將熄滅，倒數著，再十分鐘這個小時的停電就會結束，可以擁有四個小時的燈光。

有一天漢森和哈曼送我回來。「妳住這？」哈曼表情有些疑惑。「送我上樓吧。」我說。想到電梯不一定能用，想到樓梯間的陰暗，我提出了這樣的要求。兩位貼心的朋友義不容辭地停了車，陪我走進偌大的水泥建築物裡。

果然電梯是停擺了的。「我真的不知道妳怎麼一個人住在這裡。」越是往裡走，漢森與哈曼的表情越是怪異扭曲。「沒這麼糟吧。」我說。「但有時還的確是有點害怕。」開了鎖，他們兩人決定留下來陪我等到恢復電力，哈曼打量四周，我走到陽台透氣。回頭想倒些水來喝時，他打開櫃子，裡面掉出成堆的保險套，我愣住了，那一瞬間我才明瞭到這間公寓可能有多麼骯髒。

「住在伊斯蘭馬堡的人都知道，胡達達公寓就是以特種行業和各種派對出名的。」漢森說。我只聽見了幾個字，覺得暈頭轉向，忍不住懊惱自己是不是犯傻，是不是頭腦壞掉了才把自己置身在齪亂的危險裡而毫無自知。

「誰把妳放在這的？」哈曼說。

「沙發衝浪，我在巴基斯坦一直都是使用沙發衝浪，在拉合爾時遇到非常溫暖的家庭。來到伊斯蘭馬堡的時候看到這有些猶豫，但也沒有想太多，那位沙發主有很好的評價，但我這幾天覺得很不對勁才回去仔細一看，發現其他沙發客都是跟他家人一起，只有我被安排在這了。但是他幾乎沒有出現過，偶爾傳簡訊來，除此之外完全不聞不問。」我語無倫次，幾乎快哭了。回頭想起來住在這裡的日子，還真像個被關在高塔上的囚犯一般。

「天啊，妳沒事真的是老天保佑。」哈曼說。

「聽著，我不想嚇妳，但把門鎖好，今晚打包妳的行李。」

「我們明天來接妳去吃早餐，離開這裡。」

住在當地著名的 Hooker House 裡，我和來自法國的桂格講視訊電話時提起，他倒是笑得合不攏嘴，但在巴基斯坦，這件事可是嚴肅的。樓下出入的人們隨時都可能抓住妳的手臂，認為幾張鈔票便可以與妳共度春宵。

想起辛亞曾經提過，在拉合爾古城區旁的一整片屋子都是妓院，人們稱那區為「鑽石商場」（Diamond Market）。

隔天哈曼與漢森準時出現在門口，我已經收好背包，門鎖上了，把鑰匙從門縫間丟進客廳裡。像被拯救了一樣；像在冰冷的洞穴裡有人為你生起了火；像一場大雨裡有人拍拍你的肩替你打起傘。那是我第一次深深體會到，走在可信賴的人身旁滿滿都是安心，即使曾風塵僕僕，我仍是充滿感激，謝天謝地還遇到了這麼好的朋友，謝天謝地，仍保佑著有一顆光明的心，一切都會走向光明的地方。

白沙瓦　最危險的邊境

若不是聯絡上了薩加達，我可能永遠也沒機會踏上這座城市。

白沙瓦，聽起來像貝殼般的名字，卻連住在伊斯蘭馬堡的巴基斯坦人都敬而保持距離。它是離阿富汗邊境站最近的城市，擁有古老的歷史與非常保守的社會風氣，出發之前，薩加達提醒我，圍上頭巾。

我穿著巴國傳統長裙，用絲巾包覆著頭髮，低調再低調。三個小時的車程抵達白沙瓦，空氣中的味道已經不一樣了，滿街都是三輪的嘟嘟車，道路顯得擁擠雜亂。不時看見許多叮叮噹噹響的大卡車與巴士，有著出奇花俏且鮮豔的裝飾，穿梭點綴著這座沙色的城。

步行走在舊市集，彷彿來到另外一個世界，漫天的灰在陽光下顯成懸浮的沙塵，來來往往的人們全穿著長袍，街上幾乎沒有女人，難得見到的也絕對都是跟著家人或丈夫一起，她們蒙著臉，一身藍色或黑色的袍子從頭頂蓋到腳趾，有些連眼睛都隔著半透明的紗布看世界。

薩加達有一位年紀與我一樣大的妻子，面容豐腴，濃濃的眉毛與漆黑瞳孔。大大的房子裡還住著他們三歲的兒子，叫桑姆。到訪他們家時，薩加達的妻子已經準備好了晚餐，香料米飯與雞肉混在一起的巴基斯坦料理，吃起來微辣，顏色橘橘黃黃的。桑姆細白的皮膚活像個小陶瓷娃娃，他睡著的時候像天使，醒著的時候像個精力過剩的小惡魔，沒有一刻停止搞破壞。薩加達總是帶著像個小碗的白色帽子，留著典型阿拉伯映像的大鬍子，他說鬍子是他們的伊斯蘭教傳統。

我們坐在地毯上吃飯，才剛吃飽，薩加達的妻子已經端出了茶與甜點。

「對了，你們是怎麼認識的？」我最喜歡關於相遇的羅曼蒂克故事。

「其實，我們到了結婚那天才第一次見到對方。」薩加達說。三年前他打電話給朋友，嘿，我想結婚了，你有沒有認識的好姑娘？於是朋友便將表妹介紹了給他。像這樣被安排好的婚姻，別說浪漫了，連自主選擇的權利都沒有。

「如果兩個人合不來怎麼辦？」我下巴都掉了，假裝鎮定的說。

「沒有什麼合不合得來的問題啊，就是互相協調。」

「自由戀愛之所以容易失敗的原因就是雙方有太多的期待，結果發現事實不如想像，便感到失望，離婚，造成傷害。但指定婚約就更好好地走到最後，因為彼此根本不認識，便沒有任何期待與要求，唯一的目的就是

共組家庭，並且讓這個家好好運作，婚姻一種責任。」

眼睛眨也不眨，我愣愣地聽著這對我來講太稀奇的愛情見解。

「當初她一點也不喜歡我，我也不太喜歡她。但是婚約是不能反悔的，這會讓家族蒙羞。」

「但我們現在過得挺好，我工作賺錢，妻子照顧家裡，還有一個這麼可愛的兒子。」

他說大城市裡的人，先生太太都出門工作，誰來照顧小孩？當你辛苦了一天回家，卻沒有人能夠幫你泡杯茶，又什麼比這更慘的事？

隔天，我說想去看看阿富汗的邊境站，我們租了一輛私人轎車，據說司機每天的工作就是走往阿富汗的路線。太多網路上的消息說，連接巴基斯坦和阿富汗邊界的陸路危險無比，千萬別靠近。薩加達的太太準備了果汁和餅乾，牽著桑姆的手上車，我們有如遠足野餐般的出發。

經過兩個小時蜿蜒平坦的山路，天氣晴朗，手機沒有訊號，我站在巴基斯坦最後一哩的軍事基地偷偷觀望阿富汗人民穿越邊境。車子不能過檢查站，所有人都只能用走的，許多推著鐵製推車的男人在這做起生意，運送行李，或是不想走路的婦女小孩。阿富汗多數人民生活困苦，環境衛生與資源都匱乏，因此常常有病人到巴國來就醫，但救護車也不能開過邊境，而且兩國駕駛方向不一樣。一位孱弱的老先生從救護車裡被抬出來放進鐵推車裡，過了邊境管制後再由另一台車接走。

回城裡的路上，我們停在山區的村莊吃午餐，現宰的烤山羊，撒

上了鹽就簡單的美味無比。薩加達是個極致傳統的男人，他有一顆真誠的心但從不苟言笑，他說男人應該要把情緒放在心中，把愛用行動來表達。薩加達的妻子親手縫了一套裙子送給我，直到離開白沙瓦的那天我才知道，她的名字在阿富汗的普圖語中是「含苞待放的花朵」的意思。

薩加達帶著桑姆一起送我去車站，桑姆小搗蛋不時爬上爸爸的肩膀，抓抓爸爸的大鬍子，又親親爸爸的臉頰，心無旁騖的胡鬧著。他們替我披上白色的絲涓。他說白色代表沒有顏色，代表低調與安全，是在傳統裡對遠行的人的祝福。

白沙瓦，這聽起來像貝殼般的城市，我來過，經過，在這外人聞之喪膽的邊界之境，看見居民們在市場裡買菜與新衣裳；百年歷史的碉堡與鐘塔；太太為工作剛結束的丈夫煮茶；丈夫帶著家人出門逛街；小販賣著甘蔗汁；鄰居開車去阿富汗參加朋友的婚禮。要瞭解一個城市，最好的辦法就是去看看那裡的人們如何生活，如何相愛。抱持著這樣的信念，天涯海角都不枉走一遭。巴士啟程，周圍的景色開始退去，夕陽灑成薄紗般的金色，灑過日常，灑過傳統與現代的交集，灑過紅色磚造的校園，灑過了一整條街，霧茫茫的像眼上矇了沙。

我肩上披著遠行的祝福，我望向寫著白沙瓦的路牌，漸遠，漸遠。

說不上為什麼我這麼想念牠，大概緣份就是這種理不清，也摸不著頭緒去一一解釋的奇蹟。牠的主人第一次來接我，卡威開著銀色的休旅車，我必須握著手把才爬上去。他提起我的後背包，在我背上顯得太過沈重的行李，在他的臂彎成了小事一樁。

那天我哭了，整個下午在客廳晃啊晃地無所事事，慢慢把背包收拾好，坐在餐桌旁和莎娜閒話家常。我告訴她我待會要走了，她問我要不要換個指甲油的顏色？她說她在找當打掃阿姨或是保姆的工作，之前在美國做過，薪資還可以，不然每天在當家庭主婦也無聊，加上現在丈夫的工作狀況不穩定。她說兒子在澳洲結婚定居，她想去澳洲看看，想在澳洲和兒子一起住，申請簽證不難，只是價格不菲。

逃離湖達達公寓後，我在莎娜的客廳住了一個多禮拜，伊斯蘭馬堡的天氣已經開始燥熱，二樓有三個房間，莎娜說到了炎夏，他們夫妻與兩位女兒，一個可愛的小孩子，都會一起睡在客廳，只開一台冷氣，不浪費電，不浪費錢。

她曾與丈夫一起住在英國，這些年回到巴基

斯坦的日子也淡泊快樂。只是她有點擔憂何時才能和兒子團聚，她說：「你知道我年紀也不小了……」

我的心臟突然漏了一拍，我看著莎娜小巧的臉蛋，深邃如漩渦的雙眼，眼瞼與雙頰上，年歲的藤蔓溫柔訴說著日日月月的風霜。我肩上披著滿滿她給的愛，突然好害怕有天就要失去她。

不想打擾莎娜一家人太久，也不忍心繼續佔用屋子裡的資源。剛好遇到了卡威，他住在寧靜的社區裡，一棟大房子裡有三、四個空著的房間，他邀請我隨時都可以搬過去。

卡威的休旅車停在屋子的白色柵欄前。

「我該走了，Mama。」我起身。原來莎娜以為我只是像往常一樣，出去見見朋友，晚點就回來了。直到我提起和我的身體一樣大的背包，啊，她說，妳要離開了？

我轉過身望著她，我們都哭了，刻意不想去觸碰的感傷，仍是躲不過說再見的這一刻。

「妝都花了啦。」莎娜指著我剛剛才畫好的睫毛膏，大概融化在眼淚裡了，眼眶黑了一圈，我們終於相擁而笑。

只是我的雙眼仍像關不了的水龍頭，坐在副駕駛座穿過一條條窄巷，背對那棟每次回來都會迷路一下的白色屋子，每個轉彎都讓我離它越來越遠。卡威看著淚如雨下的我，竟然拿出手機拍照，我哭笑不得，一臉糾結，好不容易才收拾起散落的情緒。卡威說，家裡有隻小狗叫塔利，待會可以跟牠玩，我煮咖啡給妳。

那是我第一次見到塔利，三個月大的拉布拉多，身體已經比我一隻手臂還要長。

「卡威！這不叫『小狗』！」我是看見狗狗就融化的人，只是這才明白所謂小狗是以年齡來的定義而非體型。塔利蹦蹦跳跳的，舌頭總掉在嘴巴一旁，走路歪歪扭扭看起來毫不講理。牠就是個胡鬧的小男孩，在院子裡追著我跑，含著我的手，舔得我滿身口水。

當我坐在門口，塔利就跑來硬要把自己擠進我的懷裡，彎曲著四隻腳，窩在我腿上，牠明明就太大了，拱著身子也偏要賴著撒嬌。

「塔利！」呼喊牠的名字成了我每天最興奮又緊張的樂趣，不知道牠會從哪個角落撲上來。

有天來自大使館的客人與卡威約在屋子裡開會，為了避免塔利衝撞大使，我將牠留在房間裡待著。大概半小時，客廳在進行神秘又嚴謹的會議，房間裡我與塔利在上演攻防戰，瘋狂的牠沒有一分一秒是靜止的，咬著拖鞋到處跑，一會兒我追著牠，一會兒牠扒著我不放。受不了的我將他關進廁所裡，不過兩分鐘便聽到裡頭傳來不妙的聲音，開門看見塔利小天才把洗手台上的東西全掃到地上了，我的眼鏡，洗面乳全是牠的口水與咬痕。

塔利的步伐像海波浪，啪拉啪拉的。我坐在長桌旁看書，牠跑到後院直直盯著屋裡望，牠把自己的頭塞進落地窗的欄杆裡，兩隻前腳掛著，滿臉渴望愛的模樣。我們在夜裡坐在客廳看電影，卡威點了中餐外賣，喝完了紅酒，又開了一瓶白酒。

我沒有發現自己有多幸運，直到我又踏上陌生的旅途。離開很難，離開被愛被照顧著的溫暖更難；但人生，有些路必須要一個人走，即使扛著整袋的眼淚，即使一次一次的分離都像心臟硬生生被撕下一塊，前路漫漫，即使還是會寂寞，握著昨日的溫暖，成為明日的光芒。

我想念塔利傻裡傻氣的呵氣；想念牠橫衝直撞卻又可愛得讓人可以原諒牠一千次。我想念那天我提到思念家鄉菜，晚餐餐桌上就出現了一大碗湯；我想念我對莎娜講黃色笑話，逗得她臉紅到不知所措地嗚嘴大笑；我想念我一覺睡醒對卡威說我夢見炸豆腐，他說再睡一下試試看能不能夢到巧克力奶昔。

如果相遇是為了分離，那麼離別就是為了重逢，抱持這樣的想法，心中就充滿了繼續走下去的力量。我多麼希望有機會再抱抱塔利，再讓牠趴在我的腿上，就算牠已經長到跟我一樣高；多麼希望有機會，趁著來得及，再一次親親莎莉的臉頰；飛奔跳進卡威的懷裡，告訴他我多麼感激多麼幸運遇見這一切，這一切美好，都成為我生命的一部分，永不褪去。

罕薩山谷　北國之境

白晝從山的另一端開始暈染，高聳而險峻的稜線在眼前如幻影般若隱若現，崎嶇的道路還有土石坍塌的痕跡，數不清的巨大落石猶如障礙物，使車子必須驚險地往懸崖邊繞，不知道它們從何處而來，也不知道何時會再次從天外飛來。小客車後座坐了三個人，我在中間被兩旁的人擠來擠去，左邊昏睡的乘客不時在轉彎時傾倒在我身上，而我屁股都麻了，怎麼也找不到舒適的姿勢。已經經歷十二個小時顛簸車程，距離目的地還有多遠？

「五個小時。」阿里說。

太過耗力的蜿蜒令人感到度秒如年，徹夜未眠，置身山谷間屏氣凝神，兩側的山陵中間夾著往印度洋流去的印度河（Indus），越往北開河床越是狹窄，山路越是往低處緩，有種路的盡頭將帶領我們穿進水底的錯覺。好不容易時針又走了四大格，我問距離目的地還有多遠？

「三個小時。」阿里說。

在一片荒蕪的中央前進著，山是光禿的沙色，看起來更顯蒼涼。三個小時過去，我們茅草蓋的小站休息片刻，除了那幾間簡陋的方塊屋子，方圓十公里都沒有其他建築物。高度讓氣溫直降而下，我緊握手中的熱奶茶，肚子餓，阿里與司機點了麵餅（Roti），還有與醬汁混合的鷹嘴豆。我熟練地用右手撕去一塊餅，撚起面前鐵製盤子裡的配料。

「妳知道這是什麼嗎？」「羊腦，這是羊腦。」阿里挑挑眉。

好吃，熱騰騰的好好吃，從來沒有想過麵餅與羊腦竟會讓我感動得想掉眼淚。司機先生不太講話，他的睫毛讓我想起駱駝，沈沈地垂在翠綠色的眼珠子前，濃密的眉連成一條彎彎的線，他穿著黑色的傳統袍子，看起來是個善良的年輕人。

「還有多久會到？」我披上了從背包裡拿出來的針織外套。

「兩個小時。」阿里面不改色地說。

這趟似乎看不到盡頭的旅程，我才領會了阿里善意的謊言是為了讓我在當下心裡覺得好過一點。

我們從伊斯蘭瑪堡出發，一路向北走。莎娜告訴過我，幾年前北方局勢不穩，當時住在她們家的日本女生堅持要搭巴士，所有人都勸她搭飛機，結果在山路上不幸遇到攻擊事件，一群男子騎著機車從四面八方而來，巴

士被挾持，有人當場被殺了，她和一家人一起逃跑到鄰近村莊。她打電話給莎娜說：我遇到麻煩了（I'm in trouble.）。

然後訊號就斷了，幾天後她才平安被軍方直昇機送回伊斯蘭瑪堡。

「我去接她的時候，我們兩個抱在一起哭得幾乎崩潰。」莎娜緩緩地說到。

「我們都知道這是壞運氣，那輛巴士上都是當地人。遜尼派攻擊葉什派，這是政府為了選舉搞出來的戲碼，生活中我們根本不在乎什麼教派，大家都是自己人。」

她真心擔憂著我，我沒有預算買飛機票，所要面臨的是大約二十二小時的險峻山路，十個軍方檢查站，沒有訊號也沒有網路。太多太多的可能性，誰也不能保證會不會有意外發生。朋友們都叫我千萬不要獨自前往。所以我等，等是否有人要跟我一起去，面對等待的不確定漸漸成為心理壓力，到底誰可以陪我走？一個人來了巴基斯坦，如果現在害怕，不就是自我矛盾了嗎？結果決定放手一搏的那天，竟然連旅行公司都不肯賣我車票。

於是一等又是好幾天，波折萬分，終於上路了，然而這段路的艱辛遠遠超過想像。阿里是來自北方的警察先生，剛好放長假，要從伊斯蘭瑪堡回鄉。

「我住的村子就在罕薩山谷附近，妳隨時歡迎來拜訪喔。」他說。

我們在伸手不見五指的黑夜裡驅車向北，片片段段地閒聊，台灣有高山嗎？有呀，很多三千公尺以上的山峰。啊，我以為六千公尺以上才叫山。阿里有些驚訝的語氣，而我就這樣被嘲笑了，巴基斯坦北方是全世界高山密集度最高的區域，也是，每個人根據不同的生命體驗總對事物有不同的解釋與說法。阿里說他的工作是保護婦女與孩童，例如搜索買賣童工的非法工廠、例如幫助受到家庭暴力的妻子……

「以前婦女們沒有社交生活，即使受到傷害都關在家門裡。現在已經好很多了，查獲的非法工廠也通通關閉了，所有事情都已經改善許多，巴基斯坦跟十幾年前不一樣了，我們正在往對的方向發展，我相信世界正在變好。」

世界正在變好，有了這句話，感覺暖暖的。

路上有牧羊少年，將在一個半月後抵達下一個村莊，我們為了閃過他的羊群，差點連車帶人摔進山谷裡。日正當中，高海拔似乎減少了人類與太陽的距離，陽光將荒涼的山脊烤得發燙。狹窄不已車道，不時還要繞過從對向開來的大卡車，我總捏著冷汗，而司機先生則是駕輕就熟，眉頭都不曾皺一下。發燙的山脊，沒冷氣的車內更像是悶辣的爐，幾個人擠在一起痛苦加倍，距離目的地還有多遠？

「一個小時。」

我已經不在乎阿里說的時間了，反正不是真的。最後那八十公里的路程，沿路都有持槍的軍人跟著我們同行，每過一個檢查站就換一位軍人。終於搖搖晃晃又過了兩個小時後，半生不死地也算是平安抵達這幾乎與世隔絕的北國之境。

找了間旅館卸下背包，草草吃了點食物便昏睡過去。

隔天醒來彷彿還在夢裡，窗外絕美的山水有如仙境，罕薩山谷，傳說宮崎駿筆下的《風之谷》就是取景於此，這裡的人們日出而作、日落而息，不論男男女女，臉上總是掛著一抹淺淺的笑容。一輛小巴士經過傾斜的街道，男學生們坐在車頂上大聲唱著歌，因為明天是星期天，而他們正要去更高的山上野餐露營。

我喝著從鐵壺裡倒出來的熱奶茶，猶如往常一樣。我發現自己倒茶的手微微顫抖著，因為那股不可置信的力量驅使著我前往，如今，此時此刻，內心的激動伴隨稀薄的空氣幾乎讓人昏厥過去，望著翠綠的谷底與不遠處一座座雪山，在夜裡覆蓋上寧靜的星空，分不清天與山的界線在哪，來自村莊的燈光與繁星一同閃耀。賣牛肉串的小販烤完最後一串牛肉，收攤了，與當了四十年登山嚮導的伯伯並肩坐著，我想起阿里那句話——世界正在變好，頓時覺得心中充滿了力量。

KARIMABAD

卡里馬堡　天使的故鄉

CH

11

「好不容易爬上山頭，別錯過夕陽喔。」

太陽漸漸西下的時刻，來自山谷的風刮在臉上有些刺痛，我們坐在約三千公尺的山頭上，四周仍被高聳的雪山圍繞，它們嚴謹而冷峻，像強壯的爸爸們肩並肩守護著村莊。

「妳看這山谷，由河流分開的左岸和右岸，村民有著不同的信仰，說不同的方言。」

「但什麼教派鬥爭都是假的，都是政治手段。」

「我們才不在乎對方是什麼宗教，我們彼此分享對這片土地的虔誠與熱愛。」

為了走到老鷹石一覽山峰與峽谷的美景，我在日正當中走了四個小時，因為轉錯了彎而從登山步道繞進了村莊，穿過大小儲水池，看見不分男女老少拿著鋤頭在砍柴、修補房屋。他們只在夏天上山來耕種，牛羊也都放牧到高海拔區吃草，冬天就移居到谷地避寒。

「像我啊，冬天時會去伊斯蘭馬堡，春夏回來

做導遊的工作。」羅曼說。

「我總感覺好榮幸，有機會帶別人探索我這麼美麗的家鄉。」

我在老鷹石遇見羅曼，幾位從來自拉合爾的巴國人，他們準備了熱茶，邀請我一起留下來等待夕陽。羅曼甚至誇張地說，妳爬上了老鷹石卻沒看夕陽，這趟等於白走了。

披著酒紅色披肩，我交叉雙臂試著把溫度留在胸前，山區日夜溫差總令人措手不及。寧靜，寧靜包圍著整片山野，沒有人繼續談話，我被震懾在這片純粹的原始之美中，山稜線的赤裸與莊嚴，以前我總覺得自己只屬於海，現在才發現是因為我從來沒有真正與山對話過。

幾十年前這裡還不是巴基斯坦的一部分，而是罕薩王國，國王住在卡里馬堡村最高點，由石頭與泥土建成的城堡裡。城堡沒有太多窗戶，是為了在寒冬裡把溫度留在室內，所有的門都很矮小，若敵人來襲，便可以在他們彎腰入門時，順勢把他們的頭砍掉。從城堡眺望出去，整座王國的領土盡收眼底，想像帶著皇冠的國王從高台上走出來，子民敦親睦鄰，自給自足，沒有外來的侵擾與污染。

走在路上，所有人都笑著和你打招呼，他們

總會問：「這是妳第幾次來罕薩？」起初我還在想，四面環山，路途險峻而幾乎與外界隔絕的村莊，難道大家會來很多次？直到我也被這股純樸的力量深深感動，每個人的真心相待與無與倫比的富足心靈，彷彿日日夜夜被山林洗滌著，讓人不由自主地讚嘆大自然的鬼斧神工，同時迷戀上這種與萬物共存的簡單生活。

坐在石尖上，山谷裡傳來學校孩子們的嬉鬧聲，彷彿聽見天使在唱歌。天快黑了，羅曼說搭他的順風車下山吧。這裡人們並不富裕卻樂於給予，當他們與你握手，一雙雙善良誠懇的雙眼，那是多麼難能可貴的真心。山頂的白雪不時與雲朵相擁，看起來又像另一個遠方，每一個轉彎都是山峰神秘莫測的變化，谷底的樹林在陽光下翠綠，點綴著櫻花綻放的皎潔，在這最美的風景裡居住的最美的靈魂。

來到罕薩山谷之前，我查了很多資料，但此時此刻，我發誓沒有一張照片能夠完整呈現它的美。

「九一一之後旅客少了很多，但是近幾年在慢慢好轉，這裡的生活沒有城市繁華熱鬧，但眼前與腳下的每寸土地每片葉子，都是上帝給的禮物。如果可以選擇，我還是要留在這裡。」

「我們是山的孩子啊。」羅曼說。

回到旅館，因為有熱水洗澡而感到幸運的不得了。再看一眼窗外美麗而寧靜的巴基斯坦，原來生活可以這麼簡單而富足。這裡是天使的故鄉吧。離開之前，我已經開始想什麼時候再回來了。

POST
PAKISTAN POST

是誰將白雲揉成細細長長的棉花糖繞在山脊上，我也想嚐一口。卡威說那是仙女替大自然披上的絲綢，我也偷一點來圍在脖子上，想摸摸看是不是暖暖軟軟的，是不是有曬過太陽而蓬鬆的味道。

繼續往北走之前，經過極度保守的巴爾蒂斯坦地區（Baltistan），大街上只有男人，大部份帶著傳統羊毛帽，穿單一暗色系長袍。偶爾可以看到小女生在外玩耍，只是這裡的女性到了一定年齡就不再擁有「出門」的權利。四處都是光禿禿山陵，沒有網路，只有當地的電信公司有手機訊號，經過村子的時候，緊貼峭壁的道路旁，時常站著許多男性，偶爾在空曠地區可以看到人們在打板球，但大部份的人只是站著，彷彿把來往車輛當電視機在看。

因防恐政策，巴基斯坦的車輛禁止貼黑色隔熱紙，窗戶都如玻璃般透明，從裡到外不費吹灰之力看透透，走在路上也從來沒有反光的車窗可以照鏡子。

我躺在後座睡著了，必要的時候，卡威會用毯子將我整個人蓋住。避免當地保守居民如發現奇珍異獸般直直盯著車裡望。

「我不希望有人追著車子跑啊。」他開玩笑地說。

這段山路總不時有超乎想像的山崩落石，我們也曾不得不因此停下，因為前方有怪手在剷除躺在路中間，大如一棟平房般的巨石，如果湊巧就砸在屋頂或人群……後果不堪設想。也曾在隧道出口遇見一整片高處滑下的冰川，一輛大卡車太沈重而下陷，幾十位附近居民前來幫忙疏通，一面指揮其他來往車輛，一面拿著鏟子鋪沙，避免打滑。

經過卡里馬堡後，我們在帕蘇露營，隔天早上雨滴的聲音讓我睜不開眼睛。灰濛濛的天空啊，卡威說北方最大的挑戰可不是恐怖份子或炸彈攻擊，而是天氣狀況。

在嘆為觀止的大自然中央，日子也有風雨也有晴，見過了卡威養在伊斯蘭馬堡的拉布拉多犬，塔里。這趟旅程由哈士奇——雅提娜陪伴我們，雅提娜完全是訓練有素的淑女，與暴走塔里完全不一樣，牠走路的樣子像踮著腳尖的芭蕾舞者，曾與卡威一同完成了數百公里的徒步長征。

「搭拉！現在妳已經見過整個家族了。」卡威，塔里與雅提娜。

「妳看這景色，很不可思議吧？我接下來的人生都想待在這裡。」卡威說，手裡拿著熱騰騰的茶。

他曾為 BBC 工作，擔任團隊的安全顧問，他說他看過太多黑暗太多傷透心的故事，他說新聞版面上總是負面消息，他知道自己再不離開，往後看世界的眼光都要蒙上一層陰影。

「這是我最放手一搏，卻也最快樂的決定。」

現在卡威開創了自己的另一番事業，向世界宣傳不為人知的巴基斯坦之美。他曾與一位

紐約知名作家布萊恩合作，做了一系列巴基斯坦的人物訪問，其中在拉合爾，有個非法讓窮人簽賣身契的磚頭工廠，像一種貸款，只是他們以自己的人身自由做抵押，拿到的錢還少得可憐。更悲慘的是這樣的狀況常常成為家族宿命的無盡輪迴。一位高教育的巴國女士想幫助他們，於是她自掏腰包贖人，卻發現被贖出來的勞工們並無其他生存技能，導致往往到了最後又再次回歸血汗工廠。同時她也因此身處危險，面對無良商人的恐嚇與威脅。她認為要徹底改變一切，需要一套系統，需要教導其他職業技能，好讓勞工們能回歸正常的社會生活。他們問，需要多少錢？她起初不太好意思開口，後來說了十萬美金。卡威與布萊恩為這個故事做了一系列報導，引起讀者廣大的迴響，最後竟然成功募得了百萬美金捐款，去救助在磚頭工廠被壓榨的窮苦家庭。

「人性是溫暖的，更多像這樣正面的故事需要被知道。」他的眼神，他的字字句句裡都充滿了愛。

空氣中的濕度讓氣溫直降而下，帳棚也顯得潮濕陰冷，為了能洗一場熱水澡，我們移動到帕蘇的旅館，山腳下ㄇ字形的平房，簡單而整潔，用餐區前有一大塊空地可以讓雅提娜奔跑，牠曾經是隻自由的哈士奇，直到牠跑進鄰居的院子裡咬死了兩隻綿羊，鄰居太太氣得要死，卡威付了一筆錢賠不是，同時開始限制雅提娜的行動範圍，避免更多的羊被誤當成獵物。

旅館老闆是一位面目和藹的老先生，他說六年前，連夜大雨造成土石坍方，堵住了河谷，兩天的時間將一個村莊淹成了湖，同時也中斷帕蘇與外界聯絡的道路，來往的旅客也大量減少，直到去年在中國的資助下終於蓋了新隧道，終於不用再把車輛架在小小的木船上划過堰塞湖。

越往北走，每一棟房子間隔的距離就越遠，只有一條大路通往中巴邊境。連下了好幾天的雨，即使哪裡也去不了，光是望著遠方山稜之悠悠，就足以感到平靜與滿足。

放晴的那天我們去爬山，望著地圖上縱錯的山線與冰川，被造物者的鬼斧神工深深驚艷。回程路上，一輛自小客車從身後經過，在我們前方不遠處停下。四個巴基斯坦男子下車走來，手裡抱著一罐大罐可樂，說：「這是給你們的禮物。」然後邀請我們一起拍照。

「啊！好幸運啊！」我沈浸興奮的情緒裡蹦蹦跳跳的。

「不要搖可樂啦！」卡威哭笑不得，同時將罐子從我懷中強行奪走。

給你，不為什麼，在巴國我看見這種很珍貴的精神，他們可能不富有，但從來不對人吝嗇。他們願意分享一半的餅，即使自己吃不飽，萍水相逢也要請你喝杯茶，開車經過也要特地下車送可樂給你當作禮物。

天夜了，我圍著足以當毛毯的披風禦寒，今夜應該會有星星吧？我在用完晚餐後摸黑走到前院裡，遠方雪山在月光的照射下像灑著魔法粉的童話世界，晶透的星斗在雨後氣層中更顯得銳利清晰，那光芒，是鑽石吧，天空上在發亮的是鑽石吧，從來沒有見過這樣銀閃閃的夜，這樣的純粹，我竟獨自落下了眼淚。

我想，來到巴基斯坦，是我最無所畏懼，也最幸運，最美好的決定。

TURKEY

土耳其 片刻的和平

像我這樣遠遠的愛著誰想念著誰，也許有人也愛著我掛念著我，
像我希望他們過的好那樣希望我一切都好好的，
想到這裡，我就覺得心中充滿力量，溫暖的不得了，真的。

伊斯坦堡　伊斯坦堡的陌生人

「什麼？在捷運被摸屁股？被搭訕要去搭郵輪？」

「妳在外太空嗎？我真的聽不清楚，卡卡人？」

一覺朦朦朧朧醒來，還有些昨夜在大街上狂奔的疲憊和酸痛感，手機跳出了布爾拉托傳來的訊息，說他聽不清楚我昏睡前送出的語音訊息。我過了好久好久，才能把那一天發生的事用文字敘述出來。清真寺、豔陽與寒風、雪白色的鴿子、電車上咆哮、咖啡廳、燈紅酒綠的小巷，一切記憶都糊在一起顯得有些粘稠。

獨自抵達伊斯坦堡的第一天，思考著這座橫跨歐亞交界的城市，它得天獨厚的魅力，也在歷史上成為群雄分爭之地，空氣裡彷彿還能聞到戰亂的銅鐵味，踏著鋪磚的人行道來到港口，站在歐洲區眺望博斯普魯斯海峽對岸的亞洲，海面上閃爍著相機快門怎麼也捕捉不了的晶瑩剔透，我在一座面海的清真寺門口駐足，昔日的血跡斑斑如今已是晴空下的平靜與白鴿，它們在孩子們數到三的奔跑後振翅飛揚，不久後又懶洋洋低將雙腳停歇在地面，咕咕咕，我一瞬間沒來由地被眼前的畫面感動，久久不能自己。

如此美好的日子，從搭上前往聖索非亞大教

堂的電車那一刻嘎然而止。市區的路面電車，每一站都有人群來來去去，我靠在窗邊倚著手把，突然感覺到有人從背後貼得很近，好像有一隻手摸著我的屁股，頭皮一陣發麻，告訴自己也許只是擁擠造成的誤會，於是試著將身體微微傾斜一動一下，沒想到那隻手變本加厲，甚至能感受到那指尖的波動與遊走。我在心中重複對自己說要勇敢，遇到不對的事要據理力爭，不能因為看起來嬌小軟弱就忍氣吞聲被欺負，於是我深呼吸，以三個車廂都能聽到的聲音大喊——

「拿開你的手！」周圍的人紛紛轉頭來，我才看到那個在我身後的男子一身黑色大衣，壯碩的身材比我足足高了三顆頭。

「這個人摸我屁股！以為我是外國人好欺負嗎？要不要去找警察？你現在道歉！不然我們就去找警察！」

男子卻轉過身去假裝不關他的事，我扯住他的外套：「很好玩嗎？我要求你現在道歉！」必須要夠大聲才不至於被發現我每根毛髮都在顫抖，周遭的人們只是似懂非懂地愣著，看著帶毛帽的亞洲女孩咆哮，直到男子畏畏縮縮地說：「Sorry...sorry...」然後在電車到站時夾著尾巴似的逃離現場。我很高興自己沒有默不作聲地吃悶虧，同時也難過，沒有人替我抓住他說他的行為真是大錯特錯，沒有人挺身而出，也許是事情發生得太突然，旁人還搞不清楚狀況便結束了，我並不奢求隨時有人可以保護我，只是後來想想，當時沒有揍他一拳的我仍是太懦弱了。

抵達鼎鼎大名的老城區，藍色清真寺與聖索非亞大教堂面面相覷地對望，也許是剛剛的事情令人太疲累，這一區的觀光味太重，少了莊嚴與虔誠的感覺。寒風肅肅地吹，兩棟偌大建築物，中間有個圓環花園圍著精神奕奕的噴水池，從我下車開始，已有約十個掮

客前來搭訕——

「嘿，妳好，妳來自哪裡呀？」

「台灣（Taiwan）。」

「喔！台一（Tai one），我來自台二（Tai two），我的朋友來自台三（Tai three）」

我樂於與人交談，但並不信任這些過於熱情的掮客，所以我們的對話總是到他們開始想叫我「往這邊走」的那刻停止。太陽已在不知不覺躲了起來，風變得更涼，一位包著頭巾的老太太在我身旁的空位坐下，轉過頭來對我笑了一笑，右後方的草地躺了一隻毛茸茸的大型犬，我跟牠說了說話，牠伸著舌頭動也不動望向我、又望向遠方，我說——

「天氣真好對吧？」不知道牠老兄在想什麼，只顧著呼呼低喘氣。

「一起拍照怎麼樣？」

「你有其他家人嗎？」

「我在這裡只有你一個朋友。」

雖然一直只有我一個人在講話，但我已經認定我們是朋友了。不久後我向牠道別，告訴他我得起身離開了，有緣再見，牠還是躺著，這時才發現牠一身霸氣的毛長得有點像獅子。

搭著地鐵來到塔克辛廣場，走進一間咖啡廳，吹了整天的冷風已經精疲力盡了，此時只想一個人靜靜，用一下Wifi看看臉書上的朋友在幹嘛，說服自己不是那麼孤獨。然而手機卻頻頻連線失敗。「妳也連不上網路對嗎？」突然一位阿拉伯面孔的男子對我說。「要吃點東西嗎？」我們就這樣攀談了起來，網路還是不能用，桌上多了咖啡和蛋糕，勉強安慰我憔悴的心靈，阿拉伯男子說他來自杜拜，在石油公司工作，時常一個人出差旅行，我有些開心地向他秀了幾句阿拉伯文，逗得他開懷大笑，我們的語言並不通，能聊的話題與範圍也有限，他開始問我明天的行程——

「我們可以一起去搭郵輪，從早上開始，五星級。」並且表示約七千台幣的花費包在他身上。

「錢不是問題！（Money is not the problem.）」

這句話他強調了好幾次。

「我們一起睡！（Let sleep together.）」

我有聽錯嗎？還是他用錯了詞而言不及意？然後他一再重複「錢不是問題！」眼看情況越來越不對勁，我將咖啡杯握在手上，隨便找了一個與朋友有約的藉口溜走。他留了信箱帳號給我。

「記得跟我聯絡！我們一起睡！」

「謝謝！蛋糕真好吃！再見！保重！」

我真的越來越累，哪有什麼朋友，唯一的朋友是下午躺在草皮上那隻對我愛理不理的狗。塔克辛廣場曾是一個公園綠地，後來政府將它規劃成觀光購物區，在二〇一三年此地聚集了眾多自發性的學生與群眾抗議、紮營，誓死守護綠色的城市心臟，我看著眼前林立的精品店與高級旅館，心中更是難受，想像上千萬熱血的革命靈魂曾在此燃燒，而我在踏上這塊土地前，對此事件一無所知，我對世界一無所知，覺得慚愧又渺小。手中的咖啡早就涼了，一點也沒有購物慾望，沿著獨立大道往前走只為了搭電車回頭。有個人走到我身旁，彬彬有禮地自我介紹，他出身於土耳其南方的小島，現在住在卡達，喜歡一個人旅行，竟然我們都一個人，一起喝一杯聊聊天吧？我說好。反正一個人悶著無聊，滿心苦水無處宣洩。現在想起來實在太大意了，我不是天不怕地不怕，純粹是粗心大意到有時候忘記要多慮一點。

我們轉彎進入巷子裡，又過了好幾個彎，他似乎對附近有一定程度的熟悉，來到一間酒吧的四樓，他說：「隨便喝吧，錢不是問題，今天我請客。」又聽到熟悉的那句話，阿拉伯男人在外都習慣這樣調戲與物化女生嗎？絕對不是的，我在埃及遇到的當地人大部份都是善良可愛的。我並無意多喝，他開了一支紅酒，我其實挺想跟他好好聊聊的，畢竟阿拉伯世界最大的媒體集團「半島電視台」就來自卡達這個國家，但很快我便察覺他的心懷不軌，醉翁之意不在酒，他根本不想跟我多聊，兩杯黃湯下肚便開始藉機搭肩、摸手，我覺得很不舒服，氣氛越來越無趣，因此也喝了兩杯借酒壯膽對他說：「如果，如果你期待的是一夜情，那麼我該走了。」他還試著想說服我，直到發現我意志堅決，也許還露出了厭惡的嘴臉，他也腦羞了：「好，妳現在要走，就得付一半的錢。」出爾反爾的傢伙，我賭著一口氣說有什麼問題，哼，沒想到帳單一拿出來便是台幣六千元，我哪來這麼多錢，重點是我根本不該也不想付這筆錢——

「欸，台灣的男人說到就會做到，說要請客就會請客。」

「好，我付，那有什麼問題，錢不是問題。」

我起身去上廁所，回來時他已經結帳了：「錢都付了，我們把剩下的喝完吧？」語閉，他竟伸手把我整個人往他的身上拉，我幾乎跌進他身體，我的理智現瞬間斷裂，這一整天都太莫名其妙了，瞇著眼對他說——

「你他媽有病嗎？付錢了不起啊？我現在就給你那一半的錢！」

說說而已，誰要給他錢啊，我旋風似拿起帽子、外套與包包，逃難般沿著旋轉式木樓梯跑下一樓，衝出店外，入夜的塔克辛仍是燈火通明，紫醉金迷的人們在街上醉著，城市在追求經濟發展的過程中，好像也有什麼東西在無形中流失掉了，就

像在街上狂奔的我，也有某種東西從我的髮梢間被風吹走消散了。我不知道自己在哪裡，只有奔跑，轉彎，回頭確定沒有被追上，繼續朝著不確定的方向踉蹌地跑，我已經不在乎路人眼裡的自己是不是像個瘋子一樣，必須得用盡全力地跑，心中的怒吼才能夠得到一些些釋放。轉過無數個彎，終於沿著大馬路，來到今天早上那個閃閃發亮的港邊，希望在橋上遇見一個好心人，能聽我說說話就好。只是整個港口都已熄燈進入一片黑暗的沈靜，令人沮喪又失望，只剩下幾根釣竿還孤獨的守在那，我太累了，累到稍微放鬆就會陷入夢中，終於逃離種種遭遇，已經感到安心許多，殊不知此時開始頭暈目眩，在公車站旁扶著一棵樹開始嘔吐，吐了一窩紅色穢物……

這是我在土耳其的第一天，回到住處後，我傳了語音訊息給布爾拉托，我需要有人聽我講這天的遭遇，然後一直到隔天下午仍覺得疲倦不想出門，無疑是深深被打擊到了，暫時喪失獨自闖天涯的信心。或許是我太蠢，幹嘛跟陌生人攀談，我的確蠢，但也只能說是傻人有傻福地活到今天還平平安安的，事事想太多會變成杞人憂天而遲遲無法前進，就像我們不能因為害怕受傷就不去嘗試，不要因為怕分手就不談戀愛，不要因為怕被騙就把自己關在小小的自我世界裡。重新回憶就彷彿重新在深夜裡奔跑一次一樣，是要用盡力氣的。看著窗外這個陌生的城市，一張一張混著歐亞血液的陌生臉孔，籠罩著人文薈萃的寶石藍色，最後，當視線聚焦到玻璃上的映像，一個留著短髮的亞洲女孩，手裡拿著咖啡，眼神充滿疑惑與不確定。我看著那樣子的自己笑了，也許吧，也許，對伊斯坦堡而言，我才是那個陌生人。

布爾薩 沒有男人的澡堂

忘了是為什麼，搭上了渡輪來到伊斯坦堡東南方的布爾薩，土耳其的第四大城。午後時分，經歷了海路奔波有些疲累，更要緊的是餓扁的肚皮，於是我仍背上背包離開旅館往大街上走去。布爾薩以紡織品為名，因此特地繞進圓頂市場挑了幾條物美價廉的絲巾，市中心的主要道路上並沒有看到太多旅客，風獨自吹著一股清冷，走著走著總覺得身上的藍色吊帶褲有些沈重，太過肥厚的大衣也限制了肩膀與手肘。

一間圓頂的古老建築獨自聳立於某路口的交叉處，沿著斑駁的弧狀牆面，看見了入口處招牌寫著女性由此進入。原來是赫赫有名的土耳其浴，曾在網路上看過不少人推薦自己的口袋名單，但離開了觀光區域，為你服務的人由一口流利英文的專業人員改為一句英文都不會講的鄉下的阿姨，也許反而更道地、更有人情味、更別有趣味吧。我就帶著這樣的心情走進了布爾薩的土耳其浴。

內部比想像中狹小，挑高空間可以直接看到樓上更衣室，二樓的欄杆之間綁了線，掛滿各式大小與各種花樣的毛巾，幾個剛出浴的阿姨們坐在藤椅上，其中一個還在刮腿毛。

一位看似老闆娘的大嬸熱情地像我走來，比手畫腳地告訴我，全套服務，包括按摩與洗頭，是五十土耳其里拉（約六百元台幣），我問她時間多長呢？大嬸指著時鐘繞了一圈，大概是一個小時的意思吧？於是我拿了毛巾，脫下穿了整天的靴子以及吊帶褲，按照指示，全身只剩內褲地走去「洗澡」。

土耳其浴，據說互相搓搓背也是當地人和家人維繫感情的好方式。我終於走進公共澡堂，藍色與白色砌成的瓷磚牆，空氣裡盡是熱呼呼的水蒸氣，兩個光滑平台，上面各躺著一個跟我一樣赤裸的女人，任由旁邊站著的兩個阿姨，混著滿手泡泡，認真搓揉自己的身體。我的視線繞了一圈，十坪不到的公共澡堂裡，兩側坐著五、六個等待中的婦女，個個體型比我大一倍，身高也比我高了許多。

我選了一個角落坐下，感覺自己活像是發育不良的少女。兩旁牆上有水龍頭，塑膠盆子將冷熱水匯聚成剛好的溫度，我靜靜等待，試著習慣裸體的狀態。眼前形成一個澡堂社會，而我這個一臉陌生、緊張又懵懂的外國人，儼然成為階級裡的最低層，毫無發言權利，因為沒有人聽得懂，只能任由時間與熱氣在無形中冉冉上升然後消失不見。屋內挑高設計的最頂端，有一個小小的天窗，澡堂裡唯一的光源便來自那扇窗，想像著無數磚瓦想奮力一窺外面的世界，只有天窗能俯視裸身的我們，同時呼吸陽光的味道。

無從得知過了多久，不知道洗土耳其浴能不能預約？如果沒有這套措施，豈不是每個人都要脫光了衣服坐在這虛度時光，就像我一樣。除了不停用盆子撈水往身上灑，沒有別的事情可以做。兩位大媽非常認真地刷洗每位客人的身軀，彷彿待會要送上餐桌般，每次她們洗完一個人，我就忍不住有些雀躍地將上半身往前傾，希望她們注意到我渴望的眼神，然後揮揮手告訴我換我了，然而，期待總是事與願違。我眼巴巴看著光滑平台上趴過一位又一位土耳其女人，怎麼還沒換我啊？這屋子就這麼小，就算我再怎麼嬌小、再怎麼發育不良，也不至於被遺忘吧！說時遲那時快，應該說終於在我的雙手泡到發白之後，一頭捲髮大媽終於指著手召喚我。

在澡堂裡工作，是不穿衣服的。我起身走向大媽，兩個裸體的女人互相禮貌性打聲招呼，其實只有我顯得有些手足無措，大媽可是駕輕就熟將我指引上那個讓我既期待又怕受傷害的平台。

重頭戲終於開始，大媽用沐浴乳搓出大量的綿密泡泡鋪在我身上，這一幕堪稱神奇，我只能躺著像隻待宰的豬，時而被翻面，趴著，仍是待宰。經過一陣洗刷刷後，她拿出疑似菜瓜布的神秘小道具，一句話也沒說便拉起我的手臂開始猛搓，原來是去角質，而大媽的力道猶如在洗一個黏滿飯粒的鍋子，同時我也想到正在被削皮的小黃瓜，她的一舉一動都是我此刻的目光焦點，我揪著一顆心感覺非常複雜，好想知道她接下來到底要幹嘛，而她下手熟練且毫不留情，在我的身軀上細膩游移，動作流暢的程度令人想替她拍一部紀錄片。而我的身體也很配合地被刷出一大堆黑垢，細細小小長長的像橡皮擦屑，心想，一塊橡皮擦要耗掉大半才能擦出這麼多屑屑吧，突然覺得有些驕傲；同時真希望我能好好看著大媽的眼睛跟她說，我昨天真的有洗澡。

最後她將我拉起，用了幾桶水從頭頂往下淋，算是一個結束儀式。扣除等待的時間，大概只在那台子上待了約五分鐘的時間，頭是隨隨便便地洗了，說好的按摩呢？剛剛那捏兩下肩膀就算了嗎？我就這樣滿臉疑惑地被送出澡堂外，看似老闆娘的大嬸出現，要我支付一開始說好的五十里拉，但怎麼想都不太對，她說過整套是一個小時的呀，難道包含等待時間嗎？我和其他人都是一樣的過程，每個人都付這麼多嗎？然而不管我多困惑都沒有用，我們兩人之間既沒有共通語言也沒有愛，能夠溝通的可能性為零。接下來的十分鐘是我人生裡比手畫腳的巔峰，手舞足蹈都用盡了，還是無法讓她理解我想表達什麼，又或者她只是在假裝，總之我也不知道行情價到底是多少，我放棄掙扎，付了錢，說了謝謝然後離去。

又走回到那條市中心的主要大道上，身上的垢都沒了，瞬間感覺自己身輕如燕，再彈跳起下彷彿就可以飛起來，除了皮膚有點乾乾的之外，猶如新生。

庫馬裏基斯克　星期五小鎮

吃完晚餐，漫無目的的獨自躺在床上發呆，無意間被那掛在牆上照片吸引，它是一個村莊，顏色鮮艷卻又古老，藤枝攀在窗強上，彷彿在對我招手，來吧，來拜訪我吧。

於是，隔天大清早，拿著一張旅館櫃台人員寫了Cumalikizik的紙條，沿路問人該怎麼去，負擔不起搭計程車的費用，一位好心的大叔領著我到迷你巴士站。

「就是前面那裡了。」

「巴士會從右邊開過來。」

「你找得到嗎？」

「看好喲，白色的小巴士。」

「哎呀，我帶你過去好了。」

大叔一臉不放心，陪我過馬路，替我開了副駕駛的門，看我上了車，將我安頓好，還開心的告訴司機：「她是台灣來的姑娘喔。」

直到小巴士發動了，他才揮手離開。

跟著其他人一樣，在司機右側的盒子裡放下兩元銅板，小巴士經過蜿蜒山路，我既期待又緊張，沿途的景色從房屋變成山林，車子開上傾斜而佈滿小石子的坡路，當它停在村莊口，我為之傾倒，心裡只有一個想法：「天啊，這就是我想找的。」

我跳下車，目送巴士從U型路口離去，今天的天氣有春暖花開的味道，陽光在臉頰敷上一層鬆鬆綿綿的溫度，有如童話世界般的鄂圖曼建築，是一個太過美麗，也因知名度不高而仍保有那原始感的山城。居民們在這生活著，我有如走迷宮般，偶爾經過幾間茶館，轉進巷子因為好奇貓咪是否醒著，想看看那隻小花狗的正面所以直直走，被孩子的笑聲吸引而決定右轉，原來是一所學校，一群男孩們看到我，興奮地爬上石板搭成的圍牆，嬉笑又喧鬧，指著我的相機擺姿勢，笑得比陽光還要燦爛。

享受著這片寧靜，不知不覺過了一個下午，回到來時的路口等公車回布爾薩，微風變得暖和而不再刺骨，冬天來到尾聲，代表這趟旅程的結束，幸好結束永遠表示另外一個新的開始。經過紫色的磚牆、黃色的屋頂、亮橘色的卡車，看似平凡無奇的午後在我心裡長出偌大的滿足與幸福感。

再回頭看了一眼廣場上賣紀念品的小販，他們安靜得像畫，我隨機走向一攤買了顆紀念磁鐵，包著頭巾的老奶奶告訴我，Cuma在土耳其文裡是「星期五」的意思。

沒有去人人津津樂道的熱氣球天堂、沒有踏上雪白棉堡、沒有在番紅花城的小巷迷路，又如何？原來沒有什麼景點是必去的，沒有哪家餐廳是非吃不可的，大家推薦的不見得適合你，當你擁有一顆欣賞美的心，一雙旅人的眼睛，走在路上每一個轉彎都是驚喜。

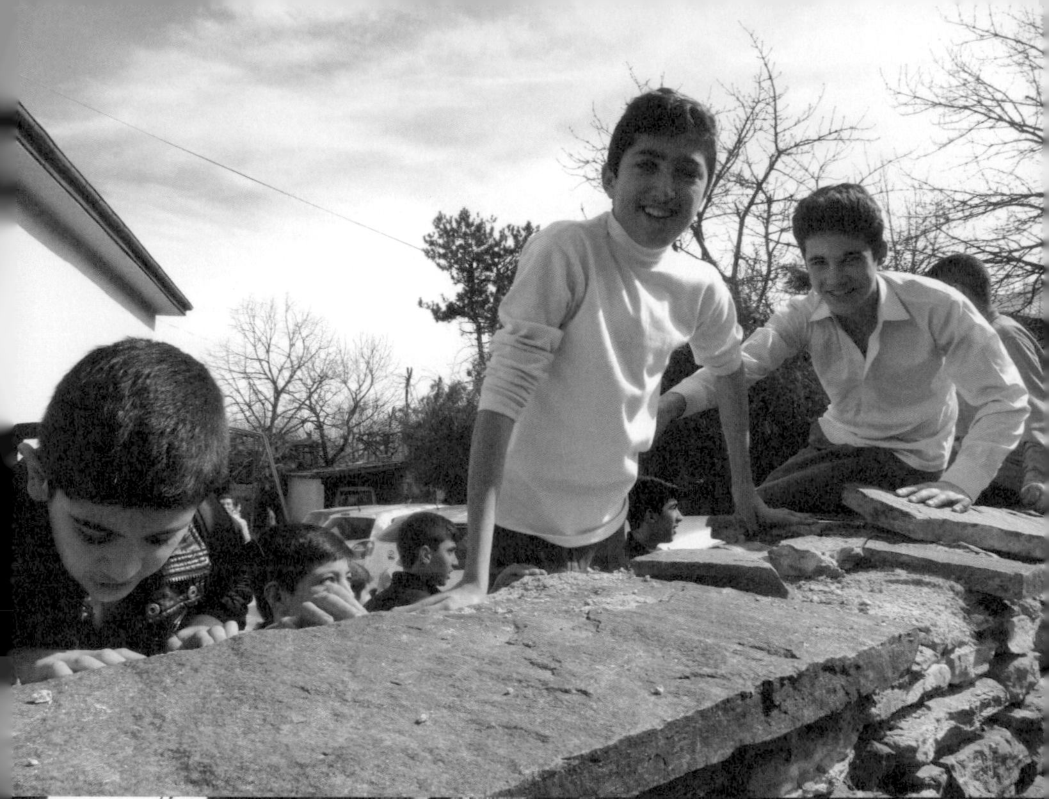

卡帕多奇亞　唏哩唏哩的卡帕

早上還在欣喜今天是個好日子呢，萬里的晴朗讓精靈般的崎嶇地形在眼前一覽無遺，喝完一杯土耳其茶，方才踏出門外，灰色的雲便從地平線那端匍匐而來，悄悄把藍色趕走，佔據整片了天空然後毫不講理地下起雨來。

「以前卡帕多奇亞的春天是不會下雨的。」紀念品商店賣著熱氣球磁鐵與各種花花綠綠的首飾，中年老闆望著滴滴答答的屋簷說。「氣候變了，現在冬天會熱，夏天會冷。」

繼續往前走，一間餐廳的員工站在人行道上攬客，進來坐坐吧，他站在寫著店名「肥男孩」的招牌旁：「讓我請你們喝杯茶。」沒關係不用了，連忙推辭的同時，一道銀色裂痕閃過天際，伴隨著緊緊的轟然一聲，猶如場開幕儀式般嘩拉嘩拉的喧然傾盆。

「讓我請你們喝杯茶吧。」他說等雨小一點再離開吧。

「我曾經懷疑是不是我去的地方都會下雨。」面向窗外，盤腿倚著圓筒狀的靠枕，上面有咖啡色與豔紅交織的圖騰，麥坐在我的左邊喃喃自語著。

「都是你帶衰。」我啜飲一口玻璃杯裡的茶，鮮鮮的蘋果味因為加了太多糖而膩。

「別說了，我已經夠難過了。」他從旅館借來一把傘，打開時像張著黑色的血盆大口，走在裡頭彷彿是一層多愁善感的膜將你與世隔絕。

「開玩笑的。」開玩笑的，只是在細雨裡撐傘讓我覺得軟弱，反而此刻的動彈不得令人感到痛快，像一場神聖的洗滌讓大地重新甦醒。

喝完了蘋果茶，葫蘆狀的玻璃杯映著柏油路上的水漬，輾轉看見對街雜貨店老闆站在棚子下抽煙。終於雨勢不再滂沱，低低的天空漸漸轉成灰白灰白的淺色，我與卡帕多奇亞的羈絆正從濕透的土壤彎彎曲曲地發芽。離開肥男孩的時候，那位員工坐在櫃檯裡揮揮手。

走回旅館半開放式的陽台上，他們說等等放晴就去野餐吧。老闆奇多與三位音樂家，這才知道原來明天開始有連續三天的卡帕音樂節，真是趕上好時候了，西邊的天空放晴了，彷彿是推土機在天空之城開工，賣力地將一坨一坨灰色棉花糖般的泥巴鏟走。

失而復得的藍天何嘗不幸運，我一腳跨出露台的門框，讓自己狠狠跌進陽光裡。奇多提醒我們該走了，於是大夥開車上路，經過蜿蜒的谷地，麥將臉貼在窗上頻頻發出驚嘆聲。

「我們去走走吧。」丹尼絲說。抵達野餐的地點，與我的想像完全不一樣，鐵製的長桌與兩排長椅，一旁在壁穴裡的小客廳，因沒有陽光的照射而顯得沈，奇多已經走到長桌後方的大樹下生起火來。我們跟著丹尼絲走，腳下的泥濘因吸收了飽足的水分而濕滑，我索性把鞋子脫了，大地的氣味混著青草夾進腳趾縫裡，黏黏的，親親密密的。佛伊挽著莎希的腰走上山丘，我抬起頭看見一片青綠的翡翠與愛侶交織成的油畫。

「嘿！快來這邊。」丹尼絲在另一頭大喊，捧著大把大把檸檬草，滿滿的清香。我們一人摘了一朵樹上的小黃花，這是我第一次吃花，嚐起來脆脆的，屬於自然的原味。丹尼絲最近開始研究香菇的種類，她指著地上矮矮胖胖的小白菇說這很可愛，但是有毒不能吃。採集了各種野菜，踩著蹣跚的腳步回到小屋旁，火已經升起來了，奇多烤著用鋁箔紙包起來的洋蔥與番茄。佛伊拿出吉他與口風琴，麥輕聲哼起歌，我們唱著Radiohead，當時我沒有發現，每一道從胸腔發出來的聲音，都在剎那間成為永遠不會重來的絕響。

一邊準備沙拉，另一邊在烤山羊肉。奇多俯著身體朝炭火吹氣，呼，呼，濃濃的煙飄到樹葉之間才消散，我幫忙折斷細小的枯枝，拿起其中一段時，卻有兩支樹枝同時離開地面，仔細一看，淺色的木在枝節處長出了藤蔓般的分岔，緊緊纏著一旁深色的木，彷彿在說：請靠近我一點，絲蘿非獨生，願托喬木。我不忍心將它們分開，便一同穩穩地平放進火堆裡，願它們一起成灰成塵。

「你知道每個人都有兩個人格嗎？」不知道他們聊到了什麼，只突然聽到這句話。奇多很認真地開始說到：「一個是外在的你，在社會與體制下展現出來的人格；另一個是內心的你，一直被藏著的自我。」「人永遠不會真正的快樂，直到他們發覺自己內心真實的自己。」

終於好菜上桌了，白乳酪、優格醬、烤肉串、起司、土耳其麵包與三大碗沙拉，餐盤在空中交遞，一雙雙手臂伸長著，夾一點洋蔥、再淋一點特製的醬汁。

遠方傳來陣陣雷聲，大夥們睜大雙眼，但手與嘴巴不能停止，一面聆聽雨勢來襲，一面繼續享受著美食。直到雨滴在餐桌上，越來越大滴，越來越密集，塞進口中最後一塊肉，大家起了身開始收拾，將杯盤都移進洞穴裡的小客廳。

變化多端的天氣總是一時晴一時雨，奇多拎著鐵壺在炭口上燒茶，大樹茂密的葉子遮蔽了零星的雨點，我們圍成圈取暖，牽著手跳起了舞。佛伊替莎希從車上拿來的保暖的夾克，他望著閃亮亮的原野說：「以後我真想買一塊地，就種種蔬菜水果。你看這樣的原始多美，人類真該回歸大自然。」

烏雲散去，再一次見到橘螢螢的太陽，剛好趕上夕陽時分，我們也打包完畢，結束了今天的野炊行程。天空另一頭刷上了淡淡的彩虹，唏哩唏哩的卡帕在雨後顯得晶瑩剔透，像夢中閃晃晃的麥田園，我站在山丘上頻頻回首，在心裡偷偷竊喜，今天的確是個好日子。

帕穆卡蕾 在綿堡的軟綿綿

帕穆卡雷，世界知名的棉花城堡。

那天是星期日，大大小小的巴士停在棉堡入口，石灰岩形成的梯田上滿滿人潮，遠方望過去像排著隊的小螞蟻。「不過就一片碳酸鈣。」這句話不知從哪飄進我的腦海裡，身體懶洋洋的，還是買了門票，踏上那片純白的世界，一窪窪粉藍色水池，淌流著摻了白泥的溫泉水，遊客們打著赤腳，雖然名叫棉花堡，踩上去可是紮紮實實的堅硬，不時看到地上有人跌倒而留下的血跡。

多數人只會在帕穆卡雷停留一晚上，更有人早上抵達，傍晚就離開。因為這觀光小鎮幾個小時就可以逛完，不過就一片碳酸鈣嘛。

「妳在這就多留幾天吧。」歐諾說。

他開一間了中國餐廳與旅館，旅館的正門旁有一大片青翠草皮，和一隻吃得圓圓胖胖的沙皮狗。我是決定要走了的，我是決定在土耳其絕對不輕信任何人的。「旅館是我們家族事業，我哥哥、嫂子與姪女都在，現在淡季，大家也沒事做，留下來吧，我們帶妳到處逛逛。」

「沒關係，謝謝。我已經買了車票，現在要去搭車了。」我說。

「不不不，妳留下來吧。」歐諾要我把背包給他。

「不不不，我得走了。」我堅持，堅持卻不是那麼容易的事。

「別走別走，一起喝茶。」歐諾的姊姊在一旁加入勸說行列。的確，我便軟了心，讓歐諾接過我的背包與車票，走了回頭路回到那間乾淨漂亮的 Obey 旅館。

「我們今晚來烤肉！」旅館冷冷清清的，員工與客人的數量一樣多。

歐諾開車，帶著我與他另外兩位好友一起出發到丹尼茲，最靠近帕穆卡雷的城市。到了城市才有大型超市，大夥們興沖沖選購著起司、雞肉與啤酒。我曾訝異在土耳其有多麼容易買到酒精，身為伊斯蘭世界的一份子，土耳其的政教分離制度其實是難能可貴的。我們開往附近的山丘，一間簡樸的小咖啡廳，可以眺望整個原野的風光。

「帕穆卡雷只有三千人口，我在這裡有兩百五十位親戚。」歐諾說。

「我們很幸運有豐沃的土地，種什麼就會生長什麼。」他一邊將 Raki 倒入玻璃杯中，當地每個人都愛喝，它是透明液體，酒精濃度厚，必須配著水喝；特別的是 Raki 與水混合後或變成乳白色，歐諾開玩笑說這是大人喝的牛奶，叫做獅子奶（Lion Milk）。

「吃雞肉的時候必須配 Raki。不然雞肉會哭。」事實上，土耳其人吃魚時也配 Raki，吃什麼都配 Raki。然而在棉堡的日子裡，我仍是小心翼翼，充滿戒心而保持著距離，即使歐諾看似沒有任何目的。那段時間心情總空蕩蕩的，每天醒了也起不來。彷彿生活渾渾噩噩，沒有什麼值得期待的事，每天最快樂的就是跟院子裡那條沙皮狗玩耍。歐諾是個友善的人，但語言的隔閡令我們無法深談，也令我們之間彷彿隔著一道牆。

那天來了一位中國女孩叫小丹，我們坐在庭院裡喝著啤酒聊天。聽說五公里外的另一個小鎮叫做紅棉堡，有非常棒的高溫溫泉。在天黑之前，我向歐諾借了摩托車，載著小丹一同前往。

我熱愛那雙手掌握方向與速度的感覺，自由無比，沿路像腸子般蜿蜒，夕陽在左手邊，丘陵在右邊呈現橘橘綠綠的顏色，風很大，幸好我有一條披肩可以把自己包著保暖。騎到了紅棉堡，試著尋找公共泡腳池，誤闖了當地市集，摩托車轟轟的引擎聲引來周圍人們的注目，我直呼著尷尬，趕快從人群中找到縫隙鑽出去。

來回穿過好幾條巷子，終於找到了公共池，水深只到小腿肚的一半，但出水口旁的溫度，完全是消憂解勞。我們坐在那讓小腿沖著天然的礦物溫泉，心情好極了，舒服極了。只是時間也像流水般，不知不覺天就黑了，遊客們散去。我們也望著漸暗的天空決定啟程回旅館。

「我相信妳的騎車技術喔。」小丹說。「啊，我們去市集買點水果吧？」然而快到市集時，摩托車竟然自己熄火了，沒有油了。天啊，我怎沒料到這情況？看到油表指針已經靠近底部，還以為它是壞了。然而加油站在丹尼茲，離這至少半小時車程。我們開始四處向人求救。

市集的大叔不會講英語，我們不會講土耳其語。只好比手畫腳，指著摩托車，發出「更更更」的聲音，假裝模仿發動聲，試圖表示車子沒有油了。過了一會兒肢體語言果然奏效，他與幾位圍觀的人們恍然大悟，啊！Banzi！Banzi是土耳其文裡汽油的意思，多虧了小丹大學主修阿拉伯語，而阿拉伯語又與土耳其文有某些共通詞彙。

他們左右晃動著機車，奇蹟般又發動了它。我們欣喜若狂，迅速道謝後離開，深怕一分一秒都在耗油。我仍是膽戰心驚，我想這車是撐不到帕穆卡雷的，果不其然，在一片荒蕪的道路中央，再次熄火了。我們攔下一輛車，兩位年輕男子走過來，這次搖車不奏效了，過一會兒他們拿著寶特瓶，向我們要求二十里拉。小丹告訴他們，我們只需要十里拉的油，夠回到旅館就夠了。只是溝通似乎無效，他們最後丟下寶特瓶，也丟下我們離開了。後知後覺才明白，他們要的二十里拉是做為幫助我們的酬勞。

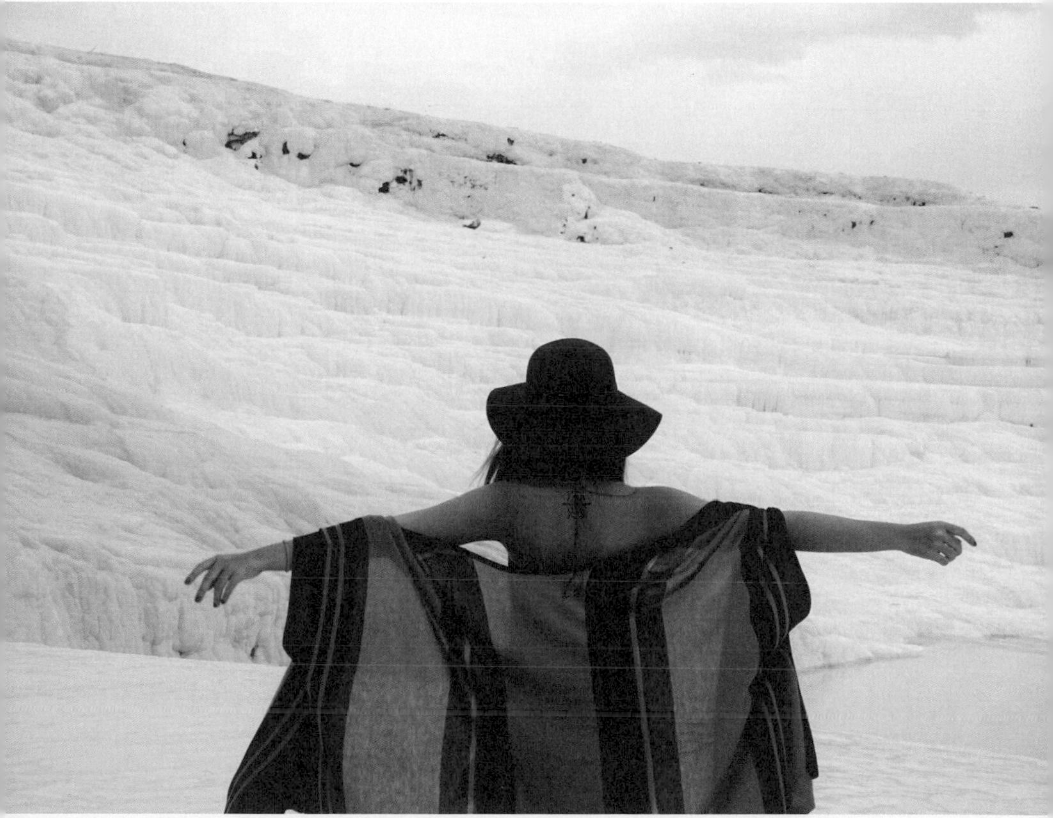

怎麼辦呢，幸好旁邊有一個小而簡陋的救護站，一位老太太請我們在屋簷下坐著等，她替我們打電話回旅館，同時我們啃著桌上的瓜子，一邊想像若車熄火在水果攤旁，我們還能順便買些水果。最後歐諾開著車子來接我們，他搖下車窗笑著。

「不好意思給你添麻煩。」我說，真是心裡有點過不去。借了他的機車，還特地麻煩他跑一趟。

「小事一樁啦。」

我在歐諾的旅館待了四個晚上，院子旁的樹上掛著五彩繽紛的燈，我真喜歡那種氣氛，歐諾說去年同一時期，這個院子是人滿為患的，然而現在因為政局不穩定，鄰居國家的戰亂等等因素，整座城空蕩蕩，好景不再。

準備離開的那天早上，說好一起吃早餐的，只是歐諾也許前一晚喝太多Raki了，躺在大廳的沙發上呼呼大睡，我並不想打擾他，直到接近巴士時間，必須得說再見時，才輕輕拍拍他。他睡眼惺忪地醒來。

「啊，妳真的要走了呀。」歐諾說。

「是啊，謝謝這段時間的照顧。」

我們給了彼此一個大而深暖的擁抱，與歐諾雖然無法深交，但終歸幸運遇見了好心腸的人。回想起那段日子雖平淡，也平安。再次踏上流浪的旅途，歐諾站在旅館門口揮手，一直到我消失在視線範圍裡，我知道未來的每一天，帕穆卡雷對我而言將不再只是一片碳酸鈣，而是一位朋友的家鄉。

寂寞感如血液透析般穿透全身，一點一滴將我從裡到外漸漸分解，這座城市裡卻沒有一處，沒有任何一個角落可以讓我偷得片刻獨自的安寧。

今天可不是週末，已經凌晨三點了，隔壁的酒吧還在現場演唱，這間青年旅館裝潢明亮，但櫃檯員工連早安都懶得跟你說，瓦斯爐，廚具與冰箱是有的，只是通通不准客人使用；共用的浴室小到踏進了就無法轉身，我喜歡它的宿舍房床位有水藍色簾子，可以拉上保有自己小小的隱私。凌晨三點的現場演唱，重節拍的土耳其文，歌聲繚繞著令人無法理解的亢奮，奇怪的是我們出去沿鬧街繞了一圈，大部份商店已經關了，酒吧與俱樂部也都有如空城，因為今天不是週末，唯獨旅館隔壁的酒吧，即使根本沒有客人，仍聲嘶力竭地清醒著。

來到土耳其第二個禮拜，在費特希耶的日子都是晴天，那天一早就出發去搭船，選了烤魚當午餐，天空是淡淡的淺色，像刷過一層半透明油漆般白白的藍。

啟航了，一日的小島航行，終於可以離開城市裡的紛紛擾擾，讓腦袋空空地吹著風，試著吹散揪著緊緊的心。土耳其是個美麗的國家，得天獨厚的地理位置與豐富的歷史文化，我卻從來沒辦法輕鬆愉快地享受其中。從棉花堡坐車來到費特希耶，四小時車程，賣票的禿頭老闆說，抵達這邊後會安排人來免費接駁送妳到住處，跟他談話讓我都感到頭痛，那種講話天花亂墜的氣質令我渾身不舒服。

抵達費特希耶後有我跟另外兩位不認識的韓國人，一名男子出現，拿著我們的名字卻把我們領進他的辦公室，首先要韓國人向他訂離開費希特耶的車票，再來又想賣行程，兩個人支支吾吾地說要再考慮，男子也許心想還有機會，不肯善罷甘休。

「我們可以走了嗎？」我說。

「等等，等等。」男子轉頭轉腦地貌似思考要如何說服韓國人。

「可以走了嗎？」我加強口氣。「我們搭了好久的巴士已經很累了，你把電話留給他們，有需要就會打給你，何必大家坐在這裡浪費彼此的時間？」我又氣又餓，這兩件事大概是相輔相成的，肚子餓就容易情緒不穩定，情緒起伏大又消耗力氣容易覺得更餓。

最後他心不甘情不願地讓我們離開辦公室，幾個人背著行李站在路邊，他把我們送上當地的小巴士，對我說：「妳搭到最後一站，再直走一百五十公尺就會到了。」我不知道是不是我誤會了當初講好「有人會來接你」的意思。

「你們這樣是欺騙的行為。」我直直看著他的眼睛說。他沒有回嘴，大概也不在乎吧。

搭到最後一站，司機很兇地用土耳其文叫我付錢，我有些惱怒，想起棉花堡那位豐碩油膩的禿頭大叔見錢眼開的嘴臉，我想吐，什麼免費接駁都是假的，只不過是把旅客帶進旅行社試著說服你消費的手段。

「你們土耳其人都是可惡的騙子。」

這個句子在心中不斷膨脹，幾乎快要從太陽穴炸出來。但我忍住了，像忍住反胃的嘔吐物般酸酸臭臭地吞回去。我明白這句話不公平，每個國家、每個地方都有好人與壞人，而獐頭鼠目的商人是世界各地都找得到的一樣黑的烏鴉。我一點也不在乎自己搭車，走路去找旅館，一點也不在乎付兩塊錢里拉的車錢，只是當商人只在乎錢，當路上與你攀談的人都別有目的，當你必須時刻保持戒心，當觀光業蓬勃發展，卻好像有某種東西在人與人之間消失了。

日正當中，海面正波光粼粼，今天不想這些了，我告訴自己，我趴在甲板上曬太陽，已經來到第二個停泊點，像這樣的一日行程，同船的中國大媽湊到我身旁說：「咱們一人付了五十里拉，妳也是唄？」果然又被耍了，我尷尬一笑，隨便打了馬虎眼，早就猜到了，棉堡那位口沫橫飛的禿頭大叔，收了我一百里拉，還騙我來到費特希耶才訂行程的話，價錢是兩百里拉。「夏天快到了！價錢都漲了！」每次跟他講話我就頭痛，他的旅行社牆上掛著寫了簡體中文的白板，「各位同胞們：這家的老闆價格好，親切又實在，請放心向他購買行程。」然而他說溜了嘴，他有個來自中國的女朋友，我

視線飄向後面那張假裝正義凜然的字跡，覺得噁心。

我從船頂約兩層樓高的地方跳進水裡，嘩啦啦的一聲，水壓炸進耳朵裡嗡嗡的痛，懸在空中的短暫幾秒與冰涼涼的海水，暢快無比，這樣的刺激讓我深刻感受到活著的感覺。

「來，看這裡。」阿曼是船員之一，船上約二十個人，大部份是家庭或情侶，阿曼同時兼任攝影師，拿著專業單眼相機替客人們拍照，當然你要照片的話必須付錢。

「Mika，來這裡，拍起來很好看。」阿曼替我拍了百張照片。

「來，往左邊看，雙手交叉，保持微笑，保持微笑。」而我只想一個人靜靜躺著。

用餐完畢後，我穿著拖鞋踩上佈滿石頭的小島，阿曼出現在我身旁，他說走上那座小山丘有很美的風景，一起去吧。

「我想幫妳拍幾張美麗的照片。」

「我想已經夠多了。」我說。

「走吧，風景配上人，真的很棒！」

天啊，我可不想穿著泳衣在森林裡擺姿勢，除了尷尬之外毫無意義，能不能就讓我一個人好好享受時光，非得要堅決拒絕三百次之後，才能獲得短暫的寧靜。

「嘿，晚上我可以帶妳去魚市場，然後我們一起喝一杯。」

我受夠了這些土耳其男人沒辦法與你有場真正的對話，總滿腦子想試試看有沒有機會與你一夜春宵。

「我跟朋友有約。」隨便找了理由推託。

「這樣啊……如果改變主意了告訴我。」搭配一個土國招牌調情媚眼，他終於騰出一些空間讓我離開。

夕陽西下的時刻，木船揚起了風帆，我找了一塊被陽光烤得暖暖的軟墊，趴著睡著了。直到我們即將靠岸，回到費特西耶，阿曼又喊了我的名字——

「Mika，來看看今天的照片吧。」

「公司是賣照片的，但是我不想跟妳收錢，我會把照片存在隨身碟裡，等妳有空，我們見面拿給妳。」我其實找不到理由為什麼他不能現在傳給我。

「到時候我們再一起喝一杯。」他說，又眨眼。

我們握了手道別，我的雙腳踩回陸上，搖搖晃晃像沒有根的樹失去抓地力，街上的掮客們看著我的眼神猶如看著一隻待宰的羊。經過碼頭旁的公園，真希望自己能夠隱形，我坐在長椅上，突然羨慕起那些地上四散的卵石，不被注意，不被打擾。坐久一點吧，坐得夠久也許也能變成一顆石頭，我瞇著眼回頭，視線穿過交錯的睫毛，港口延伸出去的景色像一張從衣櫃裡拿出來充滿皺褶的藍色絲巾，我才發現原來，對一片海沒有悸動與依戀，它就只是一灘水。

FETHIYE

費特西耶　地毯店故事時間

CH 7

一張地毯有多少故事？伊斯坦堡與卡帕多奇亞都一樣，太多觀光客了，地毯店成為商人大賺一筆的好基地，因為外人對地毯品質不了解，相對的價錢也摸不著頭緒。常常店家漫天喊價，將旅客當成桌上餐般大宰一場。

在費特希耶的鬧區街裡，也有著幾家地毯店，莫斯達總是坐在他的店門口。第一次我背著行囊經過，莫斯達見到我們便開口——

「嘿！妳要走了？」我已經被路邊的商人煩到不想跟他們多打交道。

「我要換另一間住宿地方。」我回應。

「哪裡？為什麼要換？太吵了嗎？」

我只想快步走開，避免這又是什麼商人的銷售伎倆，話還是少說為妙。然而天黑之後，我又經過了莫斯達的店，他仍坐在店門口，笑著向我打招呼。我向他詢問了餐廳資訊，他總是滿臉笑容，在談吐之間感覺與其他世俗的商人不太一樣。於是我在用完餐後，又回到了他的地毯店。

「歡迎進來喝杯茶。」莫斯達來自東土，專門向當地的婦女收購手工藝品來西邊的城裡販賣。他替我準備了蘋果茶，他說著東土的人們與大城市的人們有多麼不一樣。

「他們熱愛給予，他們以不求回報的付出為心中的喜樂。」他說。光是這樣聽著我便感到心中溫暖了起來。我注意到靠牆的一張地毯，鮮豔的橘色與亮色圖騰交織而成。

「這張地毯是來自很快樂的女孩手中喔。你看它的顏色，想像一下女孩織這張地毯時，滿懷的夢想與期望。」

地毯還有分快樂不快樂的？因此我要求看看不快樂的地毯。莫斯達找出了一張，暗灰色，中間的圖都是土色或黑色的，織線也顯得有些凌亂不整。他說地毯可以傳遞出一個女孩的心情，因為在傳統社會裡，女性是無聲的，是沈默的，所以她們用顏色與圖案來說話。

接下來兩天，我都在晚餐後的時間來找莫斯達聊天，有時候買了土耳其甜點，配著茶一起吃。他總是瞇著眼笑呼呼的，我替他拍了幾張照，他笑說：「啊！剛剛有憋氣縮肚子的！」莫斯達的店裡擺設著各式各樣手工製作的商品，從小裝飾品到鞋子、背包、各種毯子應有盡有，蘋果茶的熱氣冉冉上深，我們隨性地聊著，他說：「妳相信靈魂嗎？」

「妳相信人生是公平的嗎？」他說。「我們在來到人世間之前都是在天堂的靈魂。然而人生的一切都是一連串的試煉，每個人都有他們的難題，在不同階段會面對不同的考驗，我們所要做的就是保持樂觀，心存善念去克服難關。」

「在天堂，天使會問靈魂是否願意接受人間的考驗？」

「靈魂若同意，便會在肉體出世的瞬間產生連結，然後成為妳。」

剛剛還在講笑話和繞口令，突然認真談起靈魂與生命的淵源。

「我不懂，如果天堂這麼好，靈魂幹嘛跑來受苦受難？」我挑挑眉。

「妳的靈魂接受了挑戰。」

「天使告訴妳，這不容易喔，妳會忘記天堂的一切，並且要面對許許多多的未知。」

「他說，確定嗎？妳點頭答應。」

「這樣聽起來，我們的靈魂都是勇敢的戰士耶。」我說。

「因為貪圖安逸的靈魂根本不會選擇來到人間。」

「沒錯。」

「人生是公平的，What goes around comes around.」

「出生時妳哭，死亡時換別人為妳哭。」

「我們要從自己開始做起，當個善良的人，做好事，付出是會有回報的，做壞事也會有報應，它們可能以各種形式出現在生命裡，天使都在記載著，別擔心，人生是公平的。」

我們打從靈魂開始就是勇敢的戰士。想到這裡，我就不太擔心了。

關於地毯，莫斯達開的價格非常誠實合理，最後我仍因還要繼續旅行的緣故，而無法帶走一張。但他絲毫不介意沒有在他的店裡購物，他說友情是無價的。

離開費特希耶的那天，我特地下了巴士，繞到巷子裡向他道別。

「保重，我會為妳祈禱。」莫斯達說。我滿滿的都是感動，再見，也許我會再回來，也許不會，但無論無何，願你一切平安，順心愉快。

在土耳其的最後一天，身上所剩無幾，只能選擇一個博物館參觀，沒有太多的猶豫與原因，我走進了老城區的托普卡匹皇宮而非名氣最大的聖索非亞。天氣太冷了，我把圍巾多繞了兩圈，幾日前才在感慨二十歲的冬季結束了，誰知道春天不只後母面，還任性又不可理喻，一夜醒來又把陽光收走，呼拉呼地在陰天下吹起寒風。我遊走在千古文物間，精心調整過的聚光燈照得它們閃閃發光，卻不如窗外蔚藍的海吸引我。經過神秘的磚牆和耀眼的盔甲，皇宮範圍很大，每一個宮殿如今都是典藏的博物館，上百具中古世紀的刀槍展示著，爭奇奪艷般美得如詩如畫。

然後我遇見它，像地心引力般把我釘在原地，是一把比我半身還長的寶劍，鋒利的銀色刀刃，刻著如樂譜般跳躍的金色阿拉伯文字，喃喃低語著此生的浩瀚與靜謐。想必配戴它的人一定是個壯碩的騎士吧？多少靈魂在它身下斷送與肉體的牽連？右側只有一片簡潔的黑色小方板，寫著「十五世紀・穆罕默德二世。」除此之外再無其他敘述，沒有任何線索告訴我，他是否曾未心愛的人勇敢拔劍？是不是在沙場上浴血成河？又或著華美的緻麗只是為了顯耀權威？然而最後被封藏在寒冷的玻璃櫃裡，它情願嗎？搬運的工人有不小心割傷手而惹出一抹鮮紅嗎？它驕傲地俯

視人來人往，並沒有跟我說話，剛好，有些問題不需要解答，就像沒有結局的電影最有想像空間；沒有結果的故事最讓人留戀。不曉得時間過了多久，只是站在原地，彷佛已逡巡萬年。

那天伊斯坦堡的天空是灰色的，不見往常熟悉的湛藍。

一覺醒來手機收到了許多訊息：「妳還好嗎？」「沒事吧？」「一切平安嗎？」還理不清頭緒發生什麼事，看了新聞才得知當天伊斯坦堡早上發生巴士爆炸案，多人受傷與死亡。二〇一六年前半年，土耳其平均一個半月便發生一起攻擊案件。當地人人心惶惶，觀光客也被嚇得遠遠的，以往人潮絡繹不絕的老城區，如今到訪的人數屈指可數。

「以前我們都與客人坐在這裡玩遊戲，常常位子還不夠坐。」青年旅館的員工尼爾說著。與那晚我們一起喝茶的空曠大廳成為鮮烈對比。

那天伊斯坦堡的天空是灰色的，下著雨，我在頂樓吃著早餐，總感到食之無味，想著不遠處的戰亂，想著那些仇恨與廝殺，想著在地中海沈沒的難民船，想著無數消逝在烽火中的生命。每天都有血淋淋的無辜犧牲，我們怎麼能夠假裝不知道？怎麼能夠不在乎？

我在陽台遇到菲提，他向我問好，他是從巴勒斯坦來到土耳其讀書的學生。他說土耳其很好，只是他仍每天提心吊膽著在巴勒斯坦的家人。

「隨時都有可能有軍人闖進你家門。」

「他們武裝侵略我們的土地，殺害我們的人民。」

「卻在世界宣告他們才是受害者。」

「我的爺爺與父親以前住在沿海地帶的城市，現在已經被奪走了。我們只能全家一起移動到北方。」

「對巴勒斯坦的人們而言，平安活過一天就是幸福。」他指間的煙一支接一支地抽著。

我的心中沒有任何立場，因為了解得不夠透徹，便不足以給予評論，我總是選擇後退一步傾聽各種角度的聲音。

「在新舊約聖經和可蘭經都寫著的，當猶太人徹底佔領巴勒斯坦地區，就是世界的盡頭。」

「所有人都知道，但是所有人都假裝不知道。」

我望著他，右手臂上的刺青是他的母親，左手臂刺著和平（Peace）。

「世界會這樣毀滅嗎？」我問。「愛不會戰勝一切嗎？」

「直到世界的盡頭，世界會毀滅，然後重生，但是我們將不復存在。」

「新的人類會背負著歷史的裂痕，重新開始另一個世紀的繁衍。」

「我們永遠盼不到和平嗎？」我越來越緊張。

「親愛的朋友，我相信和平會到來的，我在等。」

「我們必須要相信，必須要等待。」菲提說。

沒有人真正愛好逞兇鬥狠，我們見到的混亂

都比其表面想像地更具政治目的性。然而在最黑暗的時代裡，逝者已逝，我們更要拾起靈魂的碎片堅強下去，勇敢去相信光明的日子會來臨，就像那天伊斯坦堡的天空是灰色的，但它終究會放晴。

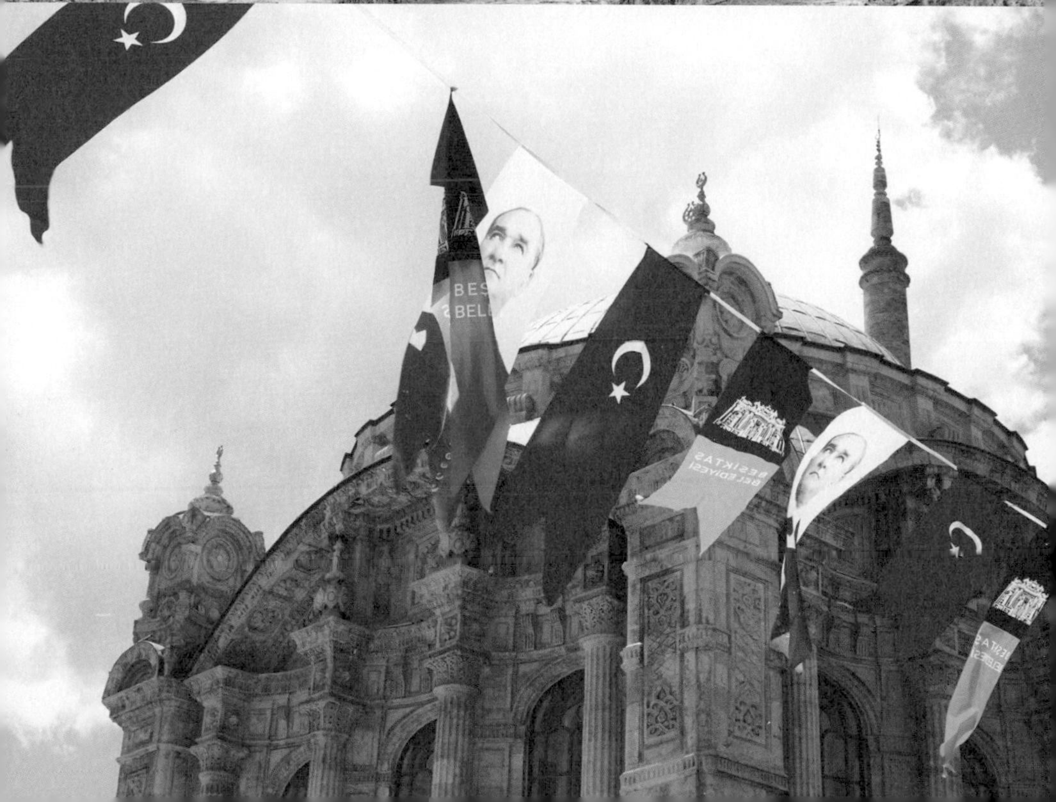

未完・待續

但願有一天，你有勇氣拋去世俗的框架，甩開那隻緊緊拉著你的手，
告訴他們，不要，我不要走你們以為我應該走的路，
我要往自己的人生去愛、去奔跑。我要發自內心真正的快樂。

「十四個小時？」

聽到頭都昏了，從台北到高雄搭巴士也只要四到五個小時，我從沒想像過坐十四個小時的車是什麼樣的感覺？然而也還是這樣跳上了從開羅到亞斯旺的夜車。

只剩下最後一排座位，我們僵著脊椎，公路還算筆直，因此沒有太大的痛苦。第一次搭長途巴士，很快就睡著了，頭靠著窗，經過檢查站時，聽見車外人們交談的聲音，我迷迷濛濛地醒來，沙漠中央，窗外是佈滿星空的紫色，沒有戴眼鏡而無法對焦一顆一顆閃亮的鑽，但那夜的銀河的的確確是寶石般的紫色。

抵達亞斯旺時幾乎中午了，炎熱的天氣直逼攝氏五十度，我躺在旅館的床上發現自己雙腳腫脹得像孕婦一樣。

從那之後，在旅行的路上搭長途車成為家常便飯，五個小時之內的距離都算近。

有一次從沙漠坐巴士回到城市裡，日正當中，車上的冷氣壞了，整整六個小時彷彿拉長成了一個世紀，慶幸足夠的疲倦感仍讓我能夠入睡，只是全身濕透了，整個背與座位都沁在汗水裡，一覺醒來還以為自己剛掉進游泳池裡。

在土耳其，買了兩張從葛雷梅到棉堡的車票，吃飯時我看見麥臉上的表情不太對勁。

「怎麼了？」我問。

「啊……十個小時啊……」他面容焦慮，他說三十年的人生裡沒有搭過這麼久的車。

「放輕鬆啦！我在巴基斯坦經歷過二十二個小時的車程，這個真的不算什麼。」

「在車上想上廁所怎麼辦？」

「我還是覺得應該搭飛機的……」麥說。

「那你最好別喝太多水。」我笑哈哈的，說這只是一塊小蛋糕，旅行時路程只有更長沒有最長。

我想起從拉合爾到伊斯蘭馬堡的巴士上還有附小餐盒，每人一個紙杯，他們倒水給乘客，我秉持著怕上廁所的想法，只抿了小小口。怎麼知道沒過一會兒，第二輪的服務竟然有可樂，我眼睛一亮便把紙杯裡的水一飲而盡，好讓服務員可以將可樂倒進杯子裡。有了甜甜的氣泡飲品，滿心愉悅與快樂，只是才喝了一半，便感到極度需要廁所，逼人發瘋的尿意令我坐立難安，好痛苦啊，這是人生裡某幾個難得感到後悔的時刻之一，眼看至少還有兩個小時才會抵達拉合爾，我向自己翻白眼，恨自己抗拒不了可樂的誘惑。

也許司機聽見了我的心聲，也許是上帝保佑，巴士在中途休息站歇了一會，才解除我的緊急狀態，好舒服，像重生了一樣。

回到土耳其，巴士的服務與品質是好的，時

間並不會太難熬。啟程後，車上一樣有服務員，是一位有著灰白頭髮，身形偏小的叔叔，他分發紙杯，提供咖啡與茶，我告訴自己再也不會貪喝了。他從高處的置物櫃拿出一個一個盒子，有茶包、擦手巾與個別包裝的零食，他沒有面帶微笑，但神情認真而仔細地服務每個人。

「我每次看到上了年紀的人在做勞力工作就覺得心中有點糾結。」我說。

「是嗎？」麥有完全不同的見解。

「我倒認為這代表他們身體健壯仍有生產力，應該替他們開心才對。」

「不然妳覺得老年人都該無所事事嗎？」

「也不是，只是不忍心他們年紀大了仍在為生計掙扎打拼。」我說。想起高中時在市立圖書館看見一位白髮蒼蒼，戴著老花眼鏡的爺爺拿著報紙找工作，他吃力地閱讀黑白印刷的小字，我撇過頭感到難過，不知道到他的生活面對著什麼樣的困難，直到稍微仔細一看，發現他握著的版面上，小小的格子們是六合彩而不是工作資訊……才覺得自己有點好笑。

「啊，我想起來了，我曾經搭過一次也差不多十小時的長途車。」麥突然說。

「不過那是好幾年前了，在美國，當時我才二十幾歲。」

「記得那時候我好興奮，沿路東看西看的。」

原來令人老去的不是歲月，而是一顆不再充滿活力與好奇的心。他說小時候總期待著以後的無限可能，去完成天馬行空，去擁抱世界，長大後才發現，做自己的代價太大，現實因素太多，原來真實的人生跟想像不一樣。

「老實說，我在妳身上看見我年輕時很想成為的模樣。」

「什麼模樣？」我說。我看著窗外，沒有回頭。

「嗯，很自由自在，無所畏懼，充滿生命力。」

結果呢？為什麼你沒有成為你想成為的樣子？我語氣平淡的問道，麥輕描淡寫地說：

「錯過時機了吧，人好像到一定的年齡就會被禁錮，被社會、被現實環境，親朋好友給的壓力……」

我望向他的側臉，愣愣見到一泉幾乎乾涸的靈魂，看見夢想拒絕注入活水而死去的模樣；我看見他的雙眼還有光，卻加上了鐵窗。

願有天你擁有放手的勇氣去逃離令你悲慘的一切。我沒有說出口，只垂著眼角。

「睡一下吧，還有很長的路程呢。」

也許人生從來就沒有該是什麼模樣，掙扎與摸索，迷惘與快活。我突然開始感激在長途巴士上，獨立於時光之外的移動空間，也許只有這些時刻我們可以心無旁騖地談話，也許只有這些時刻，我們才注意到窗外的月圓與身旁人的心事。巴士熄了燈，像一個龐大的黑色箱子載著五顏六色，沈沈睡去的夢，駛進更深的黑夜裡。

留下來一起生活

CH 2

我還記得嘴角的那抹鹹，撒嬌說我餓壞了硬拖著你去買路邊的麵包，真的很難吃，那天溜冰場門口掛著「天氣太熱，已歇業。」的告示牌，我們在公園看著鴨子游泳過了一個下午，我穿著走過沙漠與雪地的那雙靴子，說著只有你聽得懂的笑話，跳舞的時候想像自己正在旋轉地球，幻想著天馬行空的願望要去改變世界。你把我的車票和你的一起放進口袋，拖著沈重的行李仍空出一隻手來牽著我，時光淌成河流溫柔而下。

「如果沒有遇見喜歡的人，算什麼流浪。」有句話是這樣說的沒錯吧？我們走了一段路，去超市買食材來做晚餐。下雨了卻不撐傘，你說沒有人應該在細雨裡撐傘，如此一來離自然萬物都太遙遠了。那陣子布達佩斯的天空都是灰色的，但我們仍是欣喜無比，好不容易穿過半個地球才遇見，時間長短在宇宙萬物的浩瀚與命運的神秘牽引之下，已經不再重要了吧，永恆也是碎片組成的，所以我不再捨不得、不再為分離而膽怯。你知道，喜歡一個人是這麼簡單又明顯的事情，譬如走在一起；譬如替他拍掉身上的草；譬如客廳這麼大卻只想坐他旁邊那個位置。當他消失在人群裡就忍不住東張西望；忍不住多看他幾眼；忍不住瞇著眼睛笑；又譬如藍色；

譬如擁抱與輕拂髮梢的指尖；譬如若無其事地想念在心裡刮起風，只希望他在世界上的某個角落，好好的

不在身邊的人不代表他不曾存在你的生命裡，那些故事都在無形中溶入了血液，伴隨著呼吸在胸腔起伏，成為堆砌賦予靈魂之重量的瓦片。世間上有什麼事情是真的被完成的呢？有什麼是可以被宣判失敗的呢？不論結局如何，我們都從中成長了，或多或少改變了，難道不算一種獲得嗎？也許疼痛著，也許讓你精疲力盡卻瞪著雙眼無法入眠，但驀然回首，擁有過的感動都美都值得。需要什麼結局？只要勇敢順從自己的心去選擇，然後勇敢承擔，勇敢為自己負責，勇敢去活著，這樣就夠了。

CH 3

雨下一整晚

龜裂的大地終於渴求到一場甘霖，連續好幾天陰雨，淋得城市人一身散不去的霉氣。她沒有撐傘，理由是：二十歲結束之前不買第二十一把傘。她舉著右手撐在前額快步經過積水的斑馬線，雨滴還算輕巧，雖淋溼了髮，但是落在毛呢外套上，凝成一顆顆渾圓的小珍珠。「真可愛啊。」

她開了門鎖走進幽暗的長廊，五間套房隔在不見天日的地下室，房間像與世隔絕的山洞一樣。「除了看不到日出日落以外，其他也沒什麼不好。」半年後她才發現，沒有陽光的日子連植物都會死亡。自從恍然大悟這個理論之後，她有些沾沾自喜，也漸漸失去耐心。木頭櫃的右下角又長出黴菌了，她來來回回經過好幾次，天氣遽變又淋了雨，使她感到身體有點疼痛。

「超高溼度的環境絕對有害人體健康。」她找到了新的理論，沖熱水澡的同時，她思考要不要把木櫃也澆點水，黴菌可以繼續發展長出一點香菇。她躺在床上，把腿撐在牆壁上形成七十度角，聽說這樣可以促進血液循環，她讀著辛波絲卡，「都生鏽了，親愛的朋友，都生鏽了。」我看著她的身軀陷進被褥裡，那彷彿是只有她自己能懂的孤獨泥沼。她驕傲、善良，自由得像在流浪，她經歷了太多，只想一頭栽進字裡行間，暫時從現實世界消失一陣子。我想摸摸她的頭，告訴她一切都好，她的堅強與偶爾的脆弱我都看得見，但無從感同身受，也無從給予安慰。我只知道，再怎麼勇敢無畏的人，都會有需要有人握著她的手跟她說聲別擔心的時候。

此時她的雙手有如火燒般的發燙，身體疼痛越來越劇烈，頭也重得幾乎無法移動。她自認不是體弱多病的人，偏偏每次流行感冒的季節都不會少了她的參與。住在地洞裡天黑天亮都是一樣的，疲憊如她，只想轉個身好好睡一覺再也別醒來，不是啦，只想好好睡一覺醒來又是一尾活龍才對，她的自言自語總令我發笑。這時在整理床鋪的她突然停格，她有兩顆枕頭，一顆是她專屬的，另一顆是配角，她無言以對幾乎快昏過去地看著配角上長著大塊大塊的霉斑，它們看起來囂張無比，這下每晚入眠前揮之不去的霉味都有了噁心的解釋，她失去理智地顫抖，「簡直欺人太甚……」

流感讓她從脊椎到肩膀都「軟軟的」，使她沒有多餘力量對枕頭做出太過殘暴的行動。她有個在生病時把自己可憐化的習慣，她會情緒低落、除了身體上的難受、她會發自內心的難過，在我看來這是她撒嬌的方式，還能撒嬌總是一件幸福的事。她輾轉難眠，閉上眼就看見張牙舞爪的灰綠色黴菌，如塵埃般黏著空氣的粒子而無所不在，「都吸到肺裡了，我的支氣管也都是霉。」她已經沮喪到了極點，希望有個陽台可以出去透透氣，想抽支煙，她平常沒有這個習慣，但是此刻她相信煙草味能讓她好很多，至少忘掉令人作嘔的霉味。

走廊上有人在走動，隨後傳來的是洗衣機轉動的聲音，她惱怒地皺了眉頭，「誰在大半夜洗衣服，有沒有一點公德心。」「我應該走出去警告她，我應該打開這扇面對走廊的小窗大喊，不要半夜洗衣服！妳這個婊子！」她只是想想而已，連手指頭都沒有動，她無力地為自己的無力嘆口氣。在黑暗裡她的黴菌幻想恐懼症終於消散了些，畫面被拉到小時候，有一次感冒了，把橘子吃完的同時也把橘子吐得一乾二淨，深夜裡昏昏沈沈被搖醒，看見爸媽著急地在換衣服，要帶她去醫院，她從小就討厭看醫生，他們說她已經燒到四十度了，不趕快退燒會燒壞腦袋，記得他們的用詞是：「妳會燒到秀逗！」變成智障的意思。那時候生病就可以不去上學，躺在床上茶來伸手、飯來張口，覺得感冒真好！想到這裡她終於嘴角輕輕一上揚，思緒繼續不安地飄，想著來台北之後，生病的日子已不勝細數，從來不敢打電話回家，怕聽見媽媽的聲音，所有堅強的武裝就會瞬間瓦解成滿地斷線的淚珠。

她想起一個人旅行的路上，是在匈牙利的清晨，艾莉卡傳訊息來，「準備好一起早餐了嗎？」她擤了擤鼻涕，帶在身上的常備藥已經吃完了。「抱歉，我有點感冒，我想我得去一趟藥局。」翻身繼續賴著的她，不久後聽見房外傳來敲門聲，是艾莉卡買來了熱騰騰的麵包，還帶了兩棵檸檬與花茶包，「檸檬有豐富的維他命C喔！」獨自在外，感冒時她只求來一顆強效藥丸，意外接收如此無法承受之恩，她曾在夜裡慚愧地哭泣，感激她這麼冒失，世界上卻有人願意對她這麼好。

她的呼吸平靜多了，她聽到傾盆的雨，聽到手機來電震動的聲音，但無法伸手去接，身體很燙很燙，但不再那麼疼痛難耐了，像溫柔照著蛋黃色的保暖燈，全身都熱乎乎的，軟綿綿的，很適合沈沈睡去……

回憶總映在窗前

CH 4

於是買了一罐優格，草莓口味，在便利商店從大片落地窗望去台北街頭的人來人往。

「你吃優格？」

早晨的課堂睡意濃，整間教室都是懶洋洋的空氣粒子，連教授都在白色日光燈的曝照下，顯得意興闌珊。

「我超喜歡優格的耶，還有奶酪，改天如果妳知道哪裡有好吃的優格和奶酪，記得約我去吃喔。」遲到的庫伊斯在我隔壁座位坐下，同時將一袋皺皺的漢堡和一罐顏色鮮豔，特別格格不入的優格放在桌上。

是那段對話成了開啓記憶的鑰匙，於是某個悶熱的下午，我買了一罐草莓口味的優格，在便利商店從大片落地窗望去台北街頭的人來人往。

感覺腦袋輕輕漂洋過海，回到千里之外那個下著雪的星期五晚上，匈牙利西邊的小鎮，宿舍裡所有學生都回家度週末了，我一個人住在雙人房裡，享受安靜的時光和一絲絲寂寞，小冰箱裡放了瑪麗老師替我準備的食物，她講話的神情溫暖而和藹，曾經在中國旅行了三個月，有時候興致勃勃湊到我身邊，開口秀幾句她熟記的中文句子。

她說週末大家都不在，知道我的冰箱裡有些食物，會讓她比較安心。對了，她所做的肉餅是我吃過世界上最美味的肉餅。

空無一人的走廊上，每個腳步聲都響亮得嚇人，我拿著保鮮盒裡的咖哩牛肉走到公用廚房，遇到一位中東裔男子正在料理，我轉了轉微波爐亮起橘光旋轉著，不講話太痛苦了，今天可是星期五。於是我開口問他在煮什麼，他說他不知道名字，但這是他女朋友最喜歡吃的一道料理，所以決定自己親手做做看，很緊張，擔心做不好。

叮的一聲，恰好在對話的空白裡插進一個驚嘆號般的聲響，微波咖哩回了溫卻飄不出香氣，向男子道別後，我在廚房門口轉頭對他說——

「嘿，一定會很好吃的，因為那是充滿愛的料理喲！」

星期六晚上我錯過了舞會，窗外的樹被狂烈寒風吹彎了腰，對面的餐廳突然看起來好遠，冰箱沒有肉餅了、咖哩也吃完了，狩獵般的視線在角落看到一罐草莓優格，獨自站在寒凍裡孤單如我，是瑪麗老師細心照料的飯後甜點。

整棟如空城般的建築物，連自己的呼吸聲都聽得見，街燈拉長了影子，同時將草地上的積雪染成金黃色。一個人餓得發慌，若是平時，即使那罐優格有最華美的包裝，放在最顯眼之處也不會獲得我的青睞，而此時，它成了這寂靜之夜裡唯一的救贖與陪伴。撕開鋁箔材質的包裝蓋，一點也不在乎上面寫了什麼，反正也看不懂。

出乎我意料的，那罐草莓優格不是粉紅色，而是白色內容物的底部加了一層淡紅色的果醬和果肉，小湯匙攪拌過後，杯裡呈現紅白交錯的漩渦狀，看起來像小時候常吃的某種軟糖，這是那段時光裡，第一次覺得有點想家。

叮咚，歡迎光臨。店員與自動門的和聲把我的靈魂一把抓回軀殼裡，眼前的玻璃窗沒有將我和台北的陰雨隔成兩邊，我在回憶裡淋了一身濕。

有時候我懷疑自己是不是真的曾經到過那個非常溫馨的小鎮？那個在雪地上躺成大字形，笑得合不攏嘴的人真的是我嗎？或者那是平行時空，在宇宙某個介質的傳遞錯誤下，錯把那些美麗植入我晶片裡了。每段長途旅程後，回憶總輕易映在窗前翻湧，所有不經意的小事，都在不知不覺間化成了身體的一部分，像一個倉庫存放著你幾乎以為遺忘的記憶，然後在一個眼神、一段對話、一首Coldplay的歌、或是一個顏色和味道之間傾巢而出，瞬間若無其事而溫柔地從體內往外刺，穿透肌膚暴露在空氣中。

「最終我們都會愛上自己曾痛恨的東西。」布爾拉托說。

他是我高中時的同學，他有三個朋友，一個是我，另外兩個是他養的兔子。我想起了洋蔥、黑咖啡和香煙，我想他說的對，而它們的味道都承載了故事而變得沈甸甸的，意外又浪漫地在生命中穿梭成獨特的織品。善變是沒關係的吧，只要在善良的前提下。

「別變成自己曾覺得噁心的那種人就夠了。」

便利商店的那種草莓優格是粉紅色的，裡面有類似蒟蒻的東西，真是太多餘了，但我連續吃了三個禮拜，為了繼續想念那些美好。

有人在等你・回家

後記

「不管妳做什麼決定，只要不是壞事，媽媽永遠都是支持妳的。」

我想這輩子最幸運的事，就是有全心全意愛著我並且理解我的家人。小時候母親忙於工作，常常不在家，我已經習慣自己買晚餐，自己騎車去買文具和生活用品，自己去火車站，自己睡著自己醒來。說來好笑，我曾經因為羨慕同學下課後要跟爸爸媽媽和哥哥一起去逛家樂福，而躲在棉被裡哭了好久。然而總體而言，我的童年並沒有什麼好抱怨的，想學鋼琴就學，畫畫班也可以上，也養過小狗，也去過遊樂園（大概吧）。只是有點孤單而已，但心靈上的空缺並不會造成人類眼睛看得見的實際傷害，久而久之也不是什麼大不了的事，我真的很擅長一個人生活。

時間是如此任性，自顧自地流逝，不管你願不願意，也不在乎你有沒有注意到。轉眼間十幾年的光陰過去，在我媽還沒做好心理準備的同時，一不小心女兒就從牙牙學語的小寶寶長成了跟她一樣高的大人。我決定到台北讀大學，她也說到做到，沒有對我的選擇有任何干預。獨處是習慣了，離家倒是第一次，在繁華城市裡總有各式各樣的事情讓自己忙碌，媽媽將之前開的店鋪收了，許多閒暇時間待在家，卻變成唯一女兒在外奔波，很少回家，常常是回去了幾天又匆匆離開。我媽從來沒有對於我的日程安排表示意見，但不管搭幾點的車，她總是二話不說接送我；只要我在家，她就不會出門。我媽是個天生的美人，為了維持身材每天中午都只喝自己打的營養果汁，唯獨在我回家時，餐餐都燒一整桌豐盛的菜餚，全都是我愛吃的食物。

我最喜歡陪她去菜市場，那些買到彼此都認識的攤販叔叔阿姨們都會說：「唉唷！女兒長這麼大了喔！好漂亮餒！」媽媽會瞇著眼嘻嘻笑：「像我啦、像我啦。」然後我會伸手接過一袋又一袋的食材，提大包小包的蘿蔔青菜，感覺自己像個很有力的小保鏢而充滿成就感。大家都說我們很像姐妹，但有時候真希望自己是一個高大的兒子，有更寬闊的肩膀和強壯的體魄可以保護她。

自從回家的日子變得珍貴，我不再睡自己的房間，而是跟我媽賴在同一張床上，我們常常從十一、十二點躺下，然後講話講到天亮。

「媽，我這樣東奔西跑的，妳都不擔心嗎？」

「當然擔心啊！妳一下跑去埃及、一下跑去土耳其，我每天都在害怕妳出事。」

「那妳怎麼從來不阻止我？」

「因為我知道阻止妳也沒有用。而且我支持妳。」

母親是個很可愛的人，不曾對我訴說過想念，但會在社群軟體上貼我們的合照。

「女兒回來了很開心。」

「今天和女兒一起去看電影。」

母親節時，我包了五百塊的紅包，她跟我說：

「哦，謝了。」

然後在電話那端樂得合不攏嘴地和親朋好友

說：「女兒包紅包給我啦，真是一則以喜一則以憂，覺得她長大了，同時也覺得自己老了呢。」

我出去旅行，我寫的每一篇文章，她都認真讀過好幾遍。有天我不經意地說：「不知道大阿姨她們有沒有看過。」我親愛的媽媽說：

「有啊，我都有傳給他們，還有貴華阿姨、阿青媽咪、叔叔、嬸嬸、伯伯……他們都說妳寫得很好！」

「那我以後出書的話，妳要記得買喔。」

「我買十本！不，二十本！」

人說「百孝之首慕父母」，在抽絲剝繭中的人生中，寫作成了我複雜情緒裡的出口與救贖，同時恍然明白自己此生的心願，就是想讓母親臉上永遠露著這種家中有女初長成而引以為傲的神情。我有太多性格遺傳至母親，她也喜歡寫字，年輕時的夢想是當個記者，但礙於時代的艱難，然後又生下我……從此便將一切都貢獻給了孩子。我曾經問過她——

「媽，妳是先懷孕，還是先結婚的呢？」

「結婚之後才懷妳的。幹嘛問這個？」

「我想知道是不是我誤了妳一生。」

沒想到她接著說：

「傻了嗎，妳是我最珍貴的寶貝。」

我回頭想起母親的堅毅與溫柔，但這柔似水同時鋼如鐵的外表下，又有多少她不願讓我承擔的傷心與重重難關？我好想說我愛她愛得不知所措，恨不得拋棄一切只為了讓母親快樂，但我的矛盾卻總是自我拉扯，最後又成就一場任性又叛逆的狂奔。

但我知道，我的無所畏懼，全是因為總是有她在等我回家。這本書獻給我摯愛的母親，是妳教我成為勇敢的女孩。

謝謝正在閱讀的你，謝謝你們翻著一頁一

頁的文字陪我走到了這裡，謝謝你們聽我說故事。

有句話說，「Be the Person that You Want to Meet.」（做一個你想認識的人），一直相信有顆懂得寬容與欣賞的心，不管到哪裡都能遇見幸福，宇宙吸引法則會讓你們碰在一起。世界上所有美好都藏在那些不經意的小細節裡，粗心又零碎的我，一定是上輩子燒了好香才求得此生擁有這麼多溫暖的愛。莽莽撞撞的小日子裡，謝謝有你們綻放在我的生命裡。每當想到此，我就充滿了繼續走下去的力氣。

寫下 3 件今天令你感到美好的事——

1. 點了一杯不知名的啤酒，好好喝。

2. 雖然天空陰晴不定卻沒有下雨。

3. 躺在草地上睡著了，醒來發現身邊有一朵花。

凱特文化 讀者回函

敬愛的讀者您好：

感謝您購買本書，只要填妥此卡寄回凱特文化，我們將會不定期提供最新的出版訊息與優惠資訊！

您所購買的書名：在遠方醒來

姓　　名 ____________________ 性別　男□　女□

生　　日 ______年______月______日　年齡 __________

電　　話 ______________________________

地　　址 ______________________________

E-mail ______________________________

_____ 學歷：1. 高中及高中以下　2.專科與大學　3.研究所以上

_____ 職業：1.學生　2.軍警公教　3.商　4.服務業　5.資訊業　6.傳播業　7.自由業　8.其他

_____ 您從何處獲知本書：1.書店　2.報紙廣告　3.電視廣告　4.雜誌廣告　5.新聞報導　6.親友介紹　7.公車廣告　8.廣播節目　9.書訊　10.廣告回函　11.其他

_____ 您從何處購買本書：1.金石堂　2.誠品　3.博客來　4.其他

_____ 閱讀興趣：1.財經企管　2.心理勵志　3.教育學習　4.社會人文　5.自然科學　6.文學　7.音樂藝術　8.傳記　9.養身保健　10.學術評論　11.文化研究　12.小說　13.漫畫

請寫下你對本書的建議：

____

____

____

____

廣	告	回	信
板	橋	郵局	登記証
板橋	廣字	第836號	
免	貼	郵	票

to 新北市 23660 土城區明德路二段 149 號 2 樓

凱特文化創意股份有限公司 收

姓名：

地址：

電話：

愛旅行73

在遠方醒來

國家圖書館出版品預行編目資料｜在遠方醒來／謎卡 著
──初版．──新北市：凱特文化，2016.9　208 面；15 × 21 公分．（愛旅行；73）
ISBN　978-986-93239-4-9（平裝）　719　105013993

作　　者　謎卡 MIKA LIN
發 行 人　陳韋竹
總 編 輯　嚴玉鳳
主　　編　董秉哲
責任編輯　董秉哲
封面設計　陳臻
版面構成　陳臻
編務協製　張智堯
行銷企畫　黃伊蘭、李佩紋、趙若涵
印　　刷　通南彩色印刷有限公司
法律顧問　志律法律事務所．吳志勇律師
出　　版　凱特文化創意股份有限公司
地　　址　新北市236土城區明德路二段149號2樓
電　　話　02-2263-3878
傳　　真　02-2236-3845
劃撥帳號　50026207凱特文化創意股份有限公司
讀者信箱　katebook2007@gmail.com
部 落 格　blog.pixnet.net/katebook
經　　銷　大和書報圖書股份有限公司
地　　址　新北市248新莊區五工五路2號
電　　話　02-8990-2588
傳　　真　02-2299-1658
初　　版　2016年9月一初版6刷　2020年11月
I S B N　978-986-93239-4-9
定　　價　新台幣300元

在遠方＿＿＿醒來